関釜裁判がめざしたもの

韓国のおばあさんたちに寄り添って

花房俊雄・花房恵美子
HANAFUSA Toshio　HANAFUSA Emiko

白澤社

はじめに

一九九二年の年の暮れ。「日本人はみな鬼だと思っていた。どうしてこんなに優しくしてくれるのだ。私はわけが分からなくなってきた……」と言いながら元「慰安婦」原告の朴頭理《パクトゥリ》さんが泣いていました。前日下関の裁判所に提訴した原告四人を福岡市に迎えて、裁判支援の準備をしていた市民が手作りの料理を持ち寄り交流会を開いた席での出来事でした。

私は深い感動を覚えました。彼女が受けた傷の深さ、にもかかわらず失われなかった人間的な情感、そしてひょっとしたら時空を超えて私たち日本人との間に和解が可能なのではないかという予感に打たれたからです。

以降二八年間、私たち夫婦は、地方都市・福岡に事務局を置く「戦後責任を問う・関釜裁判を支援する会」として裁判や立法活動に取り組んできました。

「釜山従軍慰安婦・女子勤労挺身隊公式謝罪等請求事件」——通称「関釜裁判」は、韓国の釜山

在住者を中心に元「慰安婦」二人と元女子勤労挺身隊二人が原告となり、日本国に公式謝罪と賠償を求めて一九九二年一二月に山口地方裁判所下関支部に提訴されました。その後、追加提訴で原告が増え、最終的に元「慰安婦」三人と元女子勤労挺身隊七人が闘う裁判となりました。一九九八年四月に出された判決は、「慰安婦」原告にとっては勝訴となる、国の立法不作為を認め賠償法を作ることを命じる画期的なものでした。無念なことに女子勤労挺身隊原告は敗訴でした。

控訴した広島高等裁判所の二〇〇一年三月に出された判決は逆転敗訴になりました。二〇〇三年三月に最高裁判所は原告たちの訴えを退け、敗訴が決定しました。

以降、私たちは「慰安婦」問題の立法解決を目指して「早よつくろう！『慰安婦』問題解決法・ネットふくおか」を立ち上げ、地元国会議員たちと共に立法活動に取り組んできました。一方女子勤労挺身隊原告は、軍需工場であった富山の株式会社不二越に対する訴訟に三名が、名古屋の三菱重工に対する訴訟に一名が参加しました。日本での裁判の敗訴後は韓国の裁判所に提訴し、それぞれ勝訴判決をようやく手にしました。

裁判のたびに来日する原告たちに、自宅や教会に泊まっていただき、会員との交流と裁判闘争を十年間以上繰り返しながら、喜怒哀楽を共にしてきました。原告たちに寄り添い、その言動を注意深く見守る中で、被害者たちが生きてきた人生の苦悩の深さや多様さ、裁判にかける誇りの回復への強い思いを感じ取ることができました。原告たちへの親密な感情と敬愛の念がどんどん深まっていきました。そして裁判と支援者たちとの交流を通して原告たちが尊厳を回復していく姿を目にしてきたことは、私たちにとって貴重な体験でした。

二〇〇三年の最高裁での棄却以降、私たち夫婦は釜山、光州、ソウルに住む原告たちを毎年訪ねる旅を重ねてきました。再会を喜び、別れを悲しむ思いは原告たちの老いが進むにつれ深まっていきました。そしてすでに多くの原告が亡くなられました。日本国や企業の謝罪と賠償を待ち望みながら、逝ってしまわれました。

二八年を経た今日、「慰安婦」問題や企業による強制連行・強制労働問題をめぐって日韓の対立が高まり、それぞれの国でナショナリズムが高まる不安定な時代になりました。

背景には、「慰安婦問題*」などの歴史認識をめぐって、被害者の痛みへの日本側の無理解と国の責任を回避する歴史修正主義の跋扈、それに反発する韓国側の被害を強調し誇大化する傾向が、相互に反発しあいナショナリズムの負のスパイラルに陥っている現実があります。

この本は、私たちの支援活動と、原告たちとの交流の記録です。こうした支援運動の中で感じた疑問や苦しみを、率直に日韓双方の人たちにお伝えし、被害の真実を共に考え、共有できる一助にこの本がなれば幸いです。

＊「慰安婦」という表現は、加害者である日本軍側からの一方的な視点であり、性奴隷状態を強いられた被害女性にとっては受け入れがたい表現です。通常は「　」を付けますが、頻繁に出てきますので以降割愛することをご容赦ください。

関釜裁判がめざしたもの——韓国のおばあさんたちに寄り添って◎目次

関釜裁判がめざしたもの——韓国のおばあさんたちに寄り添って◎目次

第七章　関釜裁判を支援して――支援する会とハルモニたち――223

資　料

関釜裁判の原告たち（敬称略）

河順女《ハスンニョ》	一九二〇年二月二日 全羅南道生まれ	上海で「慰安婦」	二〇〇〇年五月逝去 享年八〇歳
朴頭理《パクトゥリ》	一九二四年陰暦九月二日 慶尚南道生まれ	台湾で「慰安婦」	二〇〇六年二月逝去 享年八一歳
李順徳《イスンドク》	一九一八年陰暦一〇月二〇日 全羅北道生まれ	上海で「慰安婦」	二〇一七年四月逝去 享年九九歳
柳賛伊《ユウチャンイ》	一九二六年三月八日 慶尚南道生まれ	富山「不二越鋼材工業」へ勤労挺身隊	二〇一八年二月逝去 享年九一歳
朴《パク》Ｓ	一九三一年一二月五日 慶尚北道生まれ	富山「不二越鋼材工業」へ勤労挺身隊	二〇一二年一月逝去 享年八〇歳
朴《パク》ＳＵ	一九三〇年四月二三日 慶尚南道生まれ	富山「不二越鋼材工業」へ勤労挺身隊	二〇一八年一月逝去 享年八七歳
鄭《チョン》ＳＵ	一九三一年一月九日 慶尚南道生まれ	沼津「東京麻糸工場」へ勤労挺身隊	二〇〇一年八月逝去 享年七〇歳
姜《カン》ＹＯ	一九三〇年一二月一二日 慶尚南道生まれ	沼津「東京麻糸工場」へ勤労挺身隊	二〇〇九年八月逝去 享年七八歳
李《イ》ＹＯ	一九三一年四月二一日 慶尚南道生まれ	沼津「東京麻糸工場」へ勤労挺身隊	
梁錦徳《ヤンクンドク》	一九二九年一一月三〇日 全羅南道生まれ	名古屋「三菱飛行機工場」へ勤労挺身隊	

序章　関釜裁判とは

1　関釜裁判について

一九九二年一二月二五日、釜山とその近郊に住む元日本軍慰安婦被害者二人と富山市にある不二越鋼業で働かされた女子勤労挺身隊被害者二人が関釜フェリー（下関―韓国・釜山《プサン》間を運行する旅客船）に乗って来日し、山口地裁下関支部に「日本政府による国会と国連総会の場での公式謝罪と賠償」を求めて提訴しました。挺身隊問題対策釜山協議会（金文淑《キムムンスク》会長）に被害を申告したハルモニ（韓国語でおばあさんの意味）たちです。不二越の会社に連れていかれた朴《パク》Ｓさんは報道陣に「一三歳のおかっぱ頭の少女が下関に降り立ちました。そして五〇年後、髪の毛が白くなりかけたおばあさんが再びこの地にやってきました。謝罪と未払い賃金を受け取るために」と訴えました。新聞・テレビで大きく報道され、記者会見では原告たちはすごく緊張していました。

翌日原告たちを福岡市にお呼びし、裁判を支援する会を立ち上げる準備をしていた市民一〇人ぐらいが歓迎の場を設けました。当時私たち夫婦は歓迎会の会場近くでレストランを経営していて、心づくしの料理を作って交流会に臨みました。交流会が進むうち、突然慰安婦原告の朴頭理《パクトゥリ》さんが泣き出しました。驚いた私たちに通訳の方が伝えてくれたのが、本書の「はじめに」の冒頭に記した言葉です。「日本人はみな鬼だと思っていた。どうしてこんなに優しくしてくれるのだ。私はわけが分からなくなってきた」と、ハルモニは言っていたのです。その言葉は私たちの心を深く揺さぶるものでした。原告たちの受けた被害のむごさと、それでも私たちとの和解が可能かもしれないとの希望が感じられたからです。

弁護士たちと支援者たちで協議して、この「釜山従軍慰安婦・女子勤労挺身隊公式謝罪等請求事件」の裁判を「関釜裁判」と呼ぶことにしました。かつて故郷を離れ、釜山から関釜連絡船で下関にやってきて深い傷を負うことになった原告たちにとって恨みの海峡を、今後裁判のために行き来して願いをかなえる希望の海峡にすることを願っての命名でした。

その後追加提訴があり、慰安婦被害者計三人、女子勤労挺身隊被害者計七人、合計一〇人の被害者たちが原告になりました。その中には光州遺族会（李金珠《イクムジュ》会長）に被害を申告した慰安婦被害者の李順徳《イスンドク》さんと、名古屋三菱飛行機工場の女子勤労挺身隊被害者の梁錦徳《ヤンクンドク》さんも含まれています。

2　戦後補償裁判にかかわった私の原点

関釜裁判を主に担った福岡在住の弁護士は日本人二人と在日韓国人一人で、司法修習生の同期生でした。自ら希望して戦後補償裁判を引き受けた若手の弁護士たちで、弁護料は一切なく手弁当でした。支援する会のメンバーたちもすべて手弁当でした。皆それぞれに戦後補償裁判を自らの課題として献身的に活動しました。

私（俊雄）がこの裁判にかけた思いは次のようなものでした。

私は戦時中の一九四三年、岡山県の瀬戸内海に近い農村に生まれました。小学校の五年生ぐらいの時、風呂の立て直しのため村の大工さんと左官さんが来ていました。左官さんは子供好きな方でした。壁土を塗りたいと言う私に、好きなように塗らせてくれ、にこにこしながら修正してくれるような優しい人でした。その左官さんが休憩時間の時、大工さんに中国での戦争体験を話しました。「ある村を部隊で包囲し、村の人たちを広場に集め、最初に青年たちを拷問した。トラックから電線を引っ張って、体につないで電気拷問をかける。そのあと村人たちに大きな穴を掘らせ、最初に半分ぐらいの村人を銃を突き付けて穴に追いやり、上から土をかぶせて村人に踏ます。土の中から妊婦の腹が弾けるポン、ポンという音が聞こえる。そして残った村人を穴に追いやり、その上を兵士たちが土で埋めていった」と。このような話を非常に生々しく話されたのです。茶飲み話として。

傍にいて、その話を聞いてしまった私は、激しいショックにとらわれました。「日本人は中国人に対して、なんとひどいことをやってきたのか！」「もう二度と中国人に顔を合わせることができない人間なのだ、日本人は！」と。子供の私がその時に感じた強烈な罪悪感でした。

にもかかわらず、それを話した左官さんは、私に対しては優しいおじさんだったのです。左官さんのような優しいおじさんが、可愛がってくれる私と同じくらいの中国の子供たちを生き埋めにしたかもしれず、そのことに何の罪の意識も感じていないでいる不気味さを考えるようになるのは、大学生になって以降です。

この記憶は心の底に沈んでいましたが、大学生になって学生運動にかかわるようになってよみがえり、私が生き方を考える上で原点の一つになりました。

大学生になって最初に取り組んだ学生運動は日韓条約反対闘争でした。クラスのメンバーで資料を集め、日本が朝鮮にどのようなことをしてきたのかを調べ討論しました。今から考えれば、浅い理解でしたが、植民地支配に対してきちんとした謝罪も賠償もない条約に対し、韓国の学生たちが戒厳令の下で闘っているのにじっとしていられませんでした。

その後、ベトナム反戦闘争が始まりました。「再び日本が加害国にならないために」というスローガンで、国内の米軍基地から航空母艦や飛行機が飛び立つのを阻止するさまざまな戦いが取り組まれました。反戦運動に参加しながら、小さい頃の記憶が浮かび上がってきました。戦前の中国侵略戦争について学ぶうちに、村の左官さんの話は中国の共産党軍支配下の村々で日本軍が行なった「三光作戦」（奪い尽くす・殺し尽くす・焼き尽くす）であることが解ってきました。

一九七〇年代に入り、日本の左翼の運動は分裂と抗争が激化し、相手を傷つけるようになり、逃げるように福岡にやってきて社会運動から身を引きました。好きであった料理の道に進み、レストランを営みながら暮らしてきました。四〇歳代に入ると私の胸の中を木枯らしが吹くようになりました。このまま仕事だけの人生を送ると後悔することになると思えたのです。

一九八〇年代後半に、福岡に住んでいる在日韓国人三世の若者が、福岡教育大学を卒業して教員資格がありながら、日本国籍でないので教員採用試験を受けられないことに抗議する裁判を起こしていることを新聞で知りました。「私が住んでいる街で、このような差別が続いているのか！」とショックを受けました。私たちは夫婦でその裁判支援運動に参加しました。福岡教育大学の先生や市民が参加していました。この裁判支援が、私たちが市民運動にかかわるきっかけになりました。教員採用試験における国籍条項撤廃運動の中で、戦後も在日の韓国・朝鮮人が日本国憲法の枠外におかれて差別されてきたことを知りました。戦前の植民地支配の下での朝鮮人差別が、戦後も変わらず続いていて、在日の青年たちがその差別と闘って一つ一つ変えてきていることを知りました。この裁判は、一九九〇年に韓国の盧泰愚《ノテウ》大統領の訪日により、教員採用試験の国籍条項は一応撤廃され、管理職にはなれないが教師にはなれることになりました。彼は福岡市の小学校の教師になり、その後在日の青年が福岡県でも教職に就いていきました。

ちょうど国籍条項撤廃裁判が終わった頃に、従軍慰安婦問題が起きました。一九九一年、在日朝鮮人の朴壽南《パクスナム》さんが沖縄に住む元日本軍慰安婦であったぺ・ポンギさんと沖縄戦に連行された朝鮮人軍夫を描いた記録映画『アリランのうた―オキナワからの証言』の上映会を福岡市で持ちました。三〇〇人ぐらい入る会場で朝・昼・夜の三回に分けて上映し、いずれも立ち見が出るぐらいの満員続きでした。翌年の春に、大邱《テグ》に住んでいる元日本軍慰安婦の文玉珠《ムンオクチュ》さんをお呼びした証言集会にもたくさんの人が詰めかけ、証言に息をつめて聞き入りました。その証言集会後、「従軍慰安婦問題を考える会・福岡」を立ち上げ勉強会をしていました。そこに福岡市に住む在日韓国人の市民運動家と弁護士から「下関で韓国の釜山に住む元慰安婦や、元女子勤労挺身隊員らが裁判を起こすことになった。支援してほしい」という依頼がありました。

私たち夫婦にとっては厳しい選択を強いられるものでした。当時、福岡市のサラリーマン街である天神で、私たちと従業員合わせて七人でレストランを営業していました。裁判支援をすることは仕事の片手間にできることではなく、天神での営業は難しくなることは容易に想像がつきます。自営業は終日働くことを余儀なくされます。その上、裁判はウィークデーに行なわれます。ビジネス街のレストランは日曜日しか休めません。

連れ合いは「とてもできません」と、とっさに答えていました。弁護士から「『従軍慰安婦』問題を考える会」という立派な看板を掲げていて、支援運動もできないと言うのですか」と厳しい言葉が投げかけられました。「これは逃げることはできない」と腹をくくらざるを得ませんでした。学習会を続けてきた仲間とあらたに加わったキリスト者たち、合わせて十数名で支援する会の準備会を持ち、私は事務局長を引き受けることになりました。共同代表は、四人の子育てをしながら生協活動や市民運動に携わっていたパワフルな松岡澄子さんと入江靖弘牧師です。入江牧師は、広島で被爆し日本での治療を求めて一九七二年に釜山から日本に密入国し、福岡地裁に「被爆者健康手帳申請却下処分取り消し訴訟」を起こした孫振斗《ソンシンド》さんの支援をされた方です。その時、大学生で支援運動に熱心であった山本晴太さんが関釜裁判の中心的な弁護士です。孫振斗さんの裁判は日本で最初の戦後補償裁判で、原爆治療法には国籍条項（＝日本国籍者以外を除外する条項）がないため勝利しました。

翌一九九三年の四月に支援する会の結成集会を行ない、その一年後に天神のレストランを閉めました。自宅で無農薬の野菜を使った夫婦二人だけの予約制の店を立ちあげ、裁判支援を中心にした生活が始まりました。

第一章　関釜裁判第一審——下関判決

1　関釜裁判の始まり——第一審・山口地裁下関裁判所

山口地方裁判所下関支部に一九九二年一二月二五日に提訴した関釜裁判が、一九九三年四月「いよいよ口頭弁論が始まるぞ」というとき、国は「下関での裁判を取りやめて東京地裁への移送を求める」申し立てをしてきました。国の言い分は、「政府が訴えられているから、政府機関がある東京でやってほしい、国を相手取ったすべての戦後補償裁判は東京地裁で行なっている。そこで国としての統一した裁判をやりたい」という意向でした。国側は、「国の中枢から遠く離れた地方の裁判所で、万一国の意向に沿わない判決を出されたら困る」と危惧したのでしょう。

弁護士たちが下関支部に提訴したのには次のようなわけがありました。「東京地裁というところはエリートの裁判官たちが集まっていて、出世コースに乗っている人たちで占められている。ここで国を相手の裁判をやったらまず勝つことはできない。できれば地方でやりたい。小さな都市の地裁とか、さらに良いのは地裁の支部のような小さい所には、エリートコースに乗っていない、しかも良心的な裁判官に巡り会える可能性がある。その小さな可能性に賭けたい」と考えたのです。

国の移送申し立てに対し、弁護士たちは、「下関は原告たちが連れてこられて、各地の軍需工場や慰安所に送られた犯行地である。更に年老いた原告たちが東京まで行き来する肉体的・経済的負担を考慮して、ぜひ下関で裁判をしてほしい」との上申書を下関裁判所に提出しました。

支援する私たちは慌てました。裁判が福岡から遠い東京に移送されたら、支援運動が困難になる。原告たちの交通・宿泊にも大変な費用がかかる。そんなお金を集められるのか。時間がないので、一カ月以内に東京地裁移送に反対する署名を集めることにし、知り合い・家族・縁者、さらにキリスト者たちは日本中の教会に要請し、一万人ほどの署名を集め裁判所に提出しました。

その結果、裁判官は下関での裁判を決断し、国の移送申し立ては却下しました。この時移送されていたら、一審での慰安婦原告の勝訴はなかったでしょう。そして、この時に署名してくれた人たちや教会が関釜裁判を支援する会の会員になり、長い闘いを支えてくれることになりました。

立法運動の要請

裁判（口頭弁論）が始まる前に、山本晴太弁護士から裁判について話を聞く機会がありました。話の要旨は次のようなものでした。

「戦後補償裁判で勝つことは難しいです。外国人の戦争被害者を救済する法律は日本には二つしかありません。原爆被害者に対する支援と治療の二つの法律だけです。この二つには国籍条項がないのです。ところが軍人・軍属などの戦争被害者には、恩給法とか戦傷病者・戦没者遺族援護法など十数件の法律がありますが、ことごとく国籍条項が付けられていて、日本国籍を有する者のみが対象で、外国籍の被害者は切り捨てられています。

戦争当時、朝鮮人は日本国民として、軍人・軍属で戦争に駆り出され、日本国籍を有していました。戦後、サンフランシスコ条約で日本が独立し、政府は一九五二年に戦傷病者戦没者遺族等援護法という法律を制定し、翌年、GHQ統治下で停止されていた軍人恩給（旧軍人と軍属ら及びその遺族に支給される年金）を復活させます〔注＝これらによる支給総額は二〇一六年時点で累計六〇兆円に及びます。その後も毎年支給されています〕。

こうした援護法が作られる直前に、旧植民地の韓国・朝鮮人、台湾人たちで日本国籍を持っていた人たちが一方的に日本国籍を剥奪され、日本国籍の軍人・軍属のみを対象に戦後補償の法律が作られました。

一方で外国人の戦争被害者に対しては、「二国間条約ですべて解決した」と日本政府は言っています。だから日本の裁判所に訴えても、外国人の戦争被害者が直接的に訴える法律がありません。法律がない時、大抵の場合は国際法に拠るわけです。被害者の身に起こったことは当時の国際法

（売春禁止条約や強制労働禁止条約等）に違反している。こういう国際法には時効がない。しかし国際法というのは国と国との間で作られた条約だから国は請求できますが、個人が請求することは日本の裁判所では認められていません」。

そこで関釜裁判を闘う上で弁護士たちが考えたのが、日本国憲法を請求の主たる根拠にすること、しかも、憲法九条と憲法前文を、ということでした。「憲法九条で日本は一切の戦争を放棄しました。陸海空軍を持つことを放棄した。憲法は国があって初めて存在します。ところが日本国は一切の軍備を持たず、他国から侵略された時に易々と占領されるような憲法を持っています。一方、憲法の前文には『日本国民は、恒久の平和を念願し、……平和を愛する諸国民の公正と信義に信頼して、われらの安全と生存を保持しようと決意した』と書かれています。日本が戦争に巻き込まれるとしたら、周辺の国からです。『平和を愛する諸国民』とは、直接には韓国や北朝鮮、中国・台湾・東南アジアの周辺の国々です。その方たちは確かに平和を愛しているわけですが、日本による植民地支配と侵略戦争で痛い目にあってきて、それに対してきちんとした謝罪も償いもしてこなかった日本の国民に対して『信頼』を寄せるのは無理でしょう。憲法前文は周辺諸国民の信頼を得るためには、『きちんと植民地支配や侵略戦争の被害者に対して謝罪と賠償しなさい。そして二度とこうしたことは起こらないように誓いなさい』ということを実は命じている文章で、戦後補償をきちんとして、和解する『道義的国家たるべき義務』を命じている、として請求の根拠に据え、その上で国家賠償法の類推適用を求めます。

しかし、裁判で勝つことは難しい。裁判官は訴えの正否だけではなく、国民の世論が支持しているか、いないかを判断して判決を書きます。今の日本の世論は残念ながら外国人の戦後補償に対する関心は低い。裁判を通して世論を高めていきたい。支援する会には裁判で負けても、最終的には植民地支配と侵略戦争の被害者への謝罪・賠償法を作る運動をしてほしいです。

裁判には原告たちを常に呼んで、被害の深刻さや謝罪と賠償の切実な訴えを裁判官やマスコミに届けるようにしたいと思います。裁判を通して立法運動のための世論を喚起したいです」と山本弁護士は訴えました。

弁護士たちの裁判への見通しは実に厳しく、「立法運動を担ってほしい」と、十数名の事務局員で運営している小さな市民運動に過大な期待が寄せられたのです。

裁判の開始

一九九三年九月六日、ようやく第一回口頭弁論が開かれました。一〇〇人ほどの市民が裁判支援に駆けつけ、四五席の傍聴席を求めて座れなかった人は外で待機し、裁判後の報告集会を待ちました。メディアの記者席も埋め尽くされました。

原告側の「日本国の国会並びに国連総会での公式謝罪と慰安婦原告に一人一億円、勤労挺身隊原告一人三千万円の賠償額を求める」訴状と、それに対する国側の「原告側の請求をいずれも棄却するとの判決を求める」答弁書が書面で交わされました。

上海に連れていかれた慰安婦原告の河順女《ハスンニョ》さん、台湾に連れていかれた朴頭理さん、女子勤労挺身隊原告の柳賛伊《ユウチャンイ》さんと朴Sさんが意見陳述をしました。河順女さんは次のように陳述しました。

私は今七四歳になります。一九歳の時に、ある日本人と朝鮮人に「金儲けができる仕事があるからついてこないか」という話に乗せられ、終戦になるまで慰安婦をさせられました。慰安婦の時に、軍人たちの相手を拒否したために、経営者からひどく殴られました。今でも頭に傷跡があるし、雨の日は今でも痛みます。今甥のところに身を寄せ、部屋を借りていますが、あまりに長い間甥に世話をかけて、すまないと思っていますし、何とかお礼をしたいと思っています。ひどくみじめな生活をしています。裁判によって、失われた人生に対して、ぜひ補償をしてもらいたいとの思いが生きていく力になっています。もし失われた人生に補償ができるなら一日も早くしてほしい。結婚もしていない。結婚など考えられもしなかったからです。子供もいない。若いときには仕事もして食いつないできたが、今は甥の家に身を寄せている。私がどんな気持ちで人生を過ごしてきたか、どうか察してください。ほんとに考えるごとに悔しい。裁判は生きている間に一日も早く、本当のことを明らかにしてください。

七一歳の慰安婦原告の朴頭理さんは、次のように陳述しました。

釜山で野菜市場の道端での野菜売りもできなくなって、ソウルの分かち合いの家〔注＝慰安婦被害者のシェルター〕に移り住んでいる。慰安婦時代に軍人にたたかれて耳も聞き取りにくく、今住んでいるところは新参者ゆえに孤立感も深いです。慰安婦時代の生活は話にならない程つらかったけど、終戦後の今の生活はもっとつらい。裁判に出るために来るのが唯一の楽しみです……慰安婦の時の生活は一年話しても話したらないつらい生活でした。今はとても話せません。

そう陳述した直後に、被告席に座った国の代理人六人の冷ややかな表情が慰安婦時代の日本軍人と重なったからなのか、突然立ち上がり叫びだしました。

「一七歳の時に、韓国語で工場に行かないかと言われたが、日本人だった。船酔いで一週間寝ていたら、慰安所に入れられた。この苦しみは日本政府が一億円出しても終わらない。ここにいる日本人たちが、私をこういう目に合わせたのだ。ここにいる日本人を見ていると、またむごい目に合わせられると思ってしまう。」

裁判長の制止も振り切り、被告席を睨みながらものすごい勢いで一気に語りました。朴頭理さんは一度だけじろりと傍聴席に視線を回しました。傍聴席に緊張が走り、自分たちも問われていることを一瞬にして悟りました。

勤労挺身隊原告の柳賛伊さん、朴Sさんの意見陳述が終わり、原告代理人の弁護士・李博盛《リパクソン》さんが意見陳述しました。

被告（日本国）が本件訴訟の移送申し立てにおいて、被告は原告らの謝罪と償いの訴えを『超法規的』と評しました。このことは、原告らに対する謝罪と償いのための法的措置を何もしてこなかったことを被告自らが進んで認めたことにほかなりません。すなわち原告らが、この半世紀の間、侵奪された人間性を回復するについて全くの無法地帯に放置されてきたことを意味するのではないでしょうか。……しかし私たちは被告のいう『超法規』という闇の中から、原告らの訴えを根拠づける法規範を照らし出そうと考えています。原告らの踏みにじられた人間性が回復できないということが、『平和を維持し、専制と隷従、圧迫と偏狭を地上から永遠に除去しようと努めている国際社会において、名誉ある地位を占めたい』と宣言している日本において、果たしてあってよいことでしょうか。この法廷で、原告らは、自分が経験した事実を百分の一も万分の一も言葉で言い表すことができないでいます。そもそも言葉で言い表すことができないほどの経験なのです。原告らの経験した事実は、今まで、死という沈黙と、恥辱という黙秘のため、表立って問題とされることはありませんでした。しかし、こうして原告らが沈黙を破って叫び声をあげた以上、もはや過去の事実として消し去ることはできません。（中略）法律というものが、このような人間の叫び声に何の救済の手立てを考えていないということは、決してあり得ないはずです。（中略）裁判所におかれましても、『半世紀も前のことを今更』という予断を排して頂き、あるべき法規範の発見に目を凝らしていただきたく要望します。

写真１　第１回口頭弁論後の報告集会。疲れ果てたようすの原告たち（左から朴Ｓさん、柳贇伊さん、朴頭理さん、河順女さん）（1993年９月６日、於・下関バプテスト教会、撮影＝山下英二氏）

胸を打つ陳述でした。こうして第一回口頭弁論は終わりました。

裁判は三カ月に一回開かれ、第二回、第三

回口頭弁論で、上海の陸軍直属の慰安所に連れていかれた李順徳《イスンドク》さん、不二越の勤労挺身隊であった朴SUさん、釜山の国民学校から静岡県沼津市の東京麻糸工場に連れていかれた姜YOさん、李YOさん、鄭SUさんが追加提訴し、意見陳述しました。東京麻糸工場は麻から糸を作り、軍用テントや飛行機の翼・パラシュートなどを製作する軍需工場でした。一九四五年七月の空襲で焼失し、朝鮮の女性たちは駿東郡小山町の富士紡小山工場へ転送され、そこで終戦を迎えて給料はもらえず帰国しました。

鄭さんは六年ぐらい前にがんの手術で人工肛門をつけているため、一時間ごとにトイレに行くので日本に来れず、書面による陳述でした。

第四回口頭弁論では、名古屋の三菱飛行機工場に動員された第三次提訴の梁錦徳《ヤンクンドク》さんが力強く意見陳述しました。最後は泣きながら話されました。

裁判官の心を動かした慰安婦原告たちの証言

以下は、慰安婦原告の李順徳さんの、一九九四年九月の本人尋問の前に裁判所に提出した陳述書です。

私は一九一八年の陰暦一〇月二〇日、全羅北道裡里郡の慕縣《モヒョン》という村の農家で生まれました。

父母と私と三歳下の弟の四人家族で、家は小作地も無く、他の農家の賃仕事で生計をたて大変貧しい暮らしでした。部屋が一つしかない藁葺きの家に一家で住み、私も弟も一度も学校に行ったことがなく、私は家事をまかされていました。

甘言にのせられて私が上海に連れて行かれたのは、一九三七年のときのことです。その日私は夕食の準備のため、村の畑の畦道で蓬をつんでいました。当時の朝鮮の田舎では食べるものがない貧しい農民はよく蓬を摘んで麦飯を少し混ぜて食べたのです。そこに四〇歳位の見知らぬ朝鮮人の男が来て、「そんな事をしているよりも、自分についてくれば履物もやる着物もやる。腹一杯食べられるところに連れて行ってやる」と誘いました。私はそのとき履物もなく草鞋をはいていましたし、空腹を癒すことに精一杯だったので、ついその男の言葉に乗せられ、何も考えずについて行くことにしました。私は父と母に挨拶してから行きたいと言いましたが、男は時間がないと言って私の手をとって引っ張りました。当時男から手を取られるというのは大変なことなので、私は驚き、恐ろしくて、恥ずかしくて、そのまま泣きながら連れて行かれました。

私は、裡里邑の旅館まで一時間くらい早足で歩いて連れて行かれ、旅館には私と同じように連れて来られた人が一四、五人いて、一緒に夕食を食べました。皆、私と同じような農家の娘で、誰もどこに何のために連れて行かれるのか分からず泣いていました。その夜はみんなで一部屋で寝ました。私は一晩中泣いて一睡もできませんでしたが、部屋の外から鍵がかけられていて逃げることもできませんでした。

翌日になると私を連れてきた朝鮮人の男の姿は見えず、代わりに日本人の男が三人いました。男たちはカーキ色の服を着てゲートルを巻き、腹にサーベルをぶらさげていました。私たちは朝食後その日本人達に連れられて旅館を出て三〇分ほど歩いて裡里駅に着き、どこに行くかも告げられないまま汽車に乗せられました。汽車の中で二回寝て、上海に着きました。上海に着いて食事をした後、幌のないトラックの荷台に乗せられました。運転手も日本人で他の三人と同じ服装をしていました。

約三時間位トラックに乗って日本陸軍の駐屯地に連れて行かれました。そこには大きな軍用テントがあり兵隊たちが住んでいました。軍用テントの近くに、むしろの壁に萩を編んで作った屋根の小さな小屋が点々と建っていて、私たちは一人ずつばらばらにそこに入れられました。小屋は畳二〜三枚くらいの広さで、床は枯れ葉の上に竹で編んだ敷物を敷いて、その上に国防色の毛布が掛けてあり、雨が降ると雨水が沢山漏れてきました。

私は軍服と同じ色の上着とモンペを支給され、最初の三日間は何もなくその小屋で休んでいました。その間に血液検査と「六〇六号」と言われる注射をされました。何の注射かと聞いたら、妊娠をしないための注射だと言われましたが、その時の私にはそれが何を意味するかも理解出来ませんでした。

四日目にミヤザキという名の年配の将校が入ってきて、私を「カネ子」と呼び、一緒に寝ようと言いました。嫌だというと「大丈夫、何でもないから怖がるな」と言って抱きついてきました。その将校は私を無理やり押し倒して犯し、それから三日間毎晩やってきました。彼の軍服には星が三個ついていて、そこにいた軍人のなかで一番位の高い人だったと思います。ミヤザキは土曜日には自分がくるので他の兵隊の相手はするなと言いました。

最初の三日はミヤザキの相手だけをさせられましたが、その次の日にはたくさんの兵隊が私の小屋の前に行列をつくり、次から次へと私を犯しました。抵抗しようとしましたが、起き上がると殴られ、蹴られるので、横になって男たちにされるままになっていました。それから毎日たくさんの兵隊の相手をさせられるようになりました。朝の九時ころから、平日には八〜九人、日曜日には一五、六人の兵隊の相手をしました。

私は連れて来られたときはまだ生理がなく、約一年後に始まりましたが、生理のときにも部屋の中においたバケツの水で洗いながら男の相手をさせられました。軍人のなかにはサックを使う人も使わない人もいました。「六〇六号」の注射は二週間に一回打たれました。このような生活の中で、お金や軍票をもらったことは一度もありません。チップのようなものも、もらったことがありません。

部屋の中でバケツに汲んだ水で体を洗いました。食事は小屋の前に軍人がもってきて鐘を鳴らすので、自分で小屋の中に持ち込んで食べました。食事時に男の相手をさせられて、食事ができないこともよくありました。最初は日本語が分からないといって兵隊たちによく殴られましたが、一年後には話せるようになりました。監督が厳しくて、他の女性と話をすることもありませんでした。小屋の前に兵隊がいつも見張っているので逃げることもできませんでした。

こんな生活のなかで、ミヤザキは私に暴力を振るうこともなく、親切にしてくれました。彼は私がチマ（スカート）で顔をふいているのをみて、石鹸とタオル一枚を持ってきてくれました。一度だけミヤザキが飛行機に乗せてくれたことがあります。小さなトンボ飛行機で操縦士のほかは私とミヤザキの二人だけが乗りました。私は恐ろしくてミヤザキにしがみついていました。私のたった一つの楽しい思い出です。私が上海に来てから一年ほどしてミヤザキが日本に帰ることになり、日本について来て自分の妾にならないかと言いました。しかし、私は故郷に帰りたいので嫌だと言って断りました。

解放の一～二カ月前、ある将校が「自分と約束しているのに何故他の男と寝たか」と私を責め立て、軍靴で私の腹を力任せに蹴り上げ、刀で背中を斬りつけました。私は卒倒し、気づいてみると見張りの軍人が人を呼びにいって、小屋のなかで治療してくれました。一週間は起きることもできませんでした。故郷に帰ってからも傷の治療をしましたが、腹と背中の傷は今もはっきりと残っていて、雨の日に背中は今でも痛み、動きが不自由です。

一九四五年の解放の日まで慰安婦をさせられました。いつもの小屋にいると、小屋の裏の道にたくさんの朝鮮人が来て歓声を上げ、「解放だ。帰ろう！」と叫んでいるのが聞こえました。日本の兵隊たちは、いつの間にかいなくなっていました。

私は最初は「解放」とは何の意味かわかりませんでしたが、説明を聞いてわかりました。そこで、その朝鮮人達について帰ることにしました。屋根のない貨車に乗り、雨に濡れながら、何日もかかって帰ってきました。

家に帰ると、両親はすでに亡くなっていて、弟だけがいました。両親は私のことを心配しながら死んでしまったそうです。その後、農家の手伝いをしながら暮らしましたが、一年後に金《キム》堤《ジェ》に住んでいる一七歳年上の男を紹介され、その男の後妻になりました。そこで八年暮らしましたが、夫は死亡し、夫の子供や嫁に出ていくように言われたので、金堤を出ました。その後今の夫を紹介され、再婚して光州に来ました。私が慰安婦をさせられていたことは前の夫にも今の夫にも話しませんでした。私が裁判を起こしたので、今の夫は人からその話を聞くこともあると思いますが、教育も受けていないし、もう年をとっているのでよく理解できないようです。長い間慰安婦をさせられていたためか、私には子供がとうとうできませんでした。

今は生活保護を受け、政府から月に一五万ウォン（二万円弱）と米の現物支給を受けて夫とふたりで暮らしています。支給される米は一月分が二週間位でなくなってしまい、苦しい生活です。日本政府からは何の補償も受けたことがありませんが、昨年の夏韓国の民間募金から五〇〇万ウォン（約六二万円）を受けとり、やっと一息つきました。いつも頭が痛く、目も良く見えず、足がふらつきます。

私は、日本が補償するなら、私が死ぬ前にしてほしいと思います。私が生きているうちなら受け取った金で着物も買えるし、病院にも行けるし、薬を買うこともできます。私が死んでから補償して、いったい誰が金を使うのですか。日本政府は補償の代わりに女性自立センターというのをつくると言っているそうですが、とんでもないことです。個人補償をしないのなら、このまま総理大臣のところに行ってその前で自殺してやろうとも思っています。

（関釜裁判ニュース第7号より「陳述書」要旨）

この陳述書を基に証言をした一九九四年九月の本人尋問で、上海での慰安婦生活へと問いが進み、李順徳さんの話をもとに弁護士が書いた慰安所の絵を見た途端、彼女は大変興奮し、日本刀で切られた背中が痛いと泣き出し、失神状態になりました。裁判の傍聴に来られていた医者が脈を取り、氷で頭を冷やし、付き添いの李金珠さんが祈りながらお世話をして回復するという事態が二回も発生する壮絶な証言でした。自席に帰った李順徳さんはしばし号泣し、その声は同席した者の肺腑にしみいるものでした。

次回は河順女さんの本人尋問の予定でしたが、住まいの前の起伏が激しい道でつまずいて転び、怪我をして来られなくなりました。

彼女は結婚せず、住み込みの「女中」などをして自活してきましたが、老いて働けなくなり、甥の家の狭い一部屋で生活していました。妹の息子が彼女の被害を申告したのです。

以下は、裁判所に提出した「陳述書」の要旨です。


私は一九二〇年全羅南道で生まれました。弟二人、妹一人がいました。家は小作で貧しくて、一〇歳ぐらいの時国民学校に通い始めましたが、年齢が高いといじめられ、学校に行くのが嫌いになり、家を出て光州の呉服屋の社長の家に住み込みの家政婦として数年働きました。一九三七年、買い物途中に日本人と朝鮮人が話しかけ「金儲けができる仕事があるからついてこないか」といわれ、ソウルにでも行くのだろうと思い、ついていきました。釜山に行き、船に乗せられ上海まで連れていかれました。アメリカ人やフランス人の租界区の近くにある長屋で、三〇ぐらいある小さな部屋の一つに入れられました。炊事・洗濯をさせられると思っていたら、翌日軍人が部屋に入ってきて、殴って無理やり相手をさせられました。ここには日本人、中国人、朝鮮人の女がいました。生理の時以外は毎日朝九時から夜六時ごろまで軍人の相手をさせられました。長屋には陸軍部隊慰安所という看板がかかっていました。軍人の相手が嫌で耐えられず逃げ出して、西洋人のおばあさんがしている化粧品店にいたところを、慰安所の主人に見つかって連れ戻されます。主人は激怒して、樫の棍棒で滅多打ちにし、最後に頭を殴られ大出血して気絶しました。陸軍病院で頭の傷を七針縫い、顔がはれ上がって一か月ほど軍人の相手をしなくて済みました。ある日病院から帰ると主人がいなくて、炊事などの働きをしていた中国人のチョウさんに日本が負けて戦争が終わったことを知らされ、上海ふ頭で三日間ほど乞食のように野宿して、ようやく帰国船に乗り釜山に帰ってきました。故郷に帰ると父が死んでいて、故郷にもいづらくて釜山に出てきて家政婦をして暮らしてきました。

（関釜裁判ニュース第8号より）

以下は、第一一回口頭弁論でもう一人の原告・朴頭理さんが本人尋問で述べた証言の要旨です。

一九二四年生まれです。兄弟は七人で妹が三人、弟が三人でした。家は貧しくて学校に行くこともできませんでした。一九四〇年、一七歳の時朝鮮人二人と日本人一人が村にやってきて「日本の工場に行って働けば金儲けができる」と娘たちに誘いかけ、一〇人の娘たちを連れて釜山から船に乗せました。ひどい船酔いになりながら台湾の彰化で降ろされ、着いた所は工場ではなくコの字型をした建物で、鉄格子をした塀で囲まれていました。軍人や民間人を相手にする遊郭で、軍指定の慰安所でした。日本人の主人夫妻と、すぐ暴力をふるう管理人がいて、抵抗してもどうしようもありませんでした。食事は二食でいつもひもじく、ある日外出した時あまりにも腹がすいていたのでバナナ畑のバナナを取って食べたら、畑の主人からも管理人からも半殺しの目に会いました。経営者はどんどん変わっていきましたが、お金は全くもらえませんでした。五年間がたって戦争が終わり朝鮮に帰ってきました。両親は健在で、「日本の工場で働いたけれど、お金は一銭ももらえなかった」とうそをつきました。

二八歳の時に妻がいる人と結婚して、娘三人、息子一人を生みましたが、娘二人は幼いときに亡くなり、息子は締め切った部屋で炭酸ガス中毒で亡くなり、末の娘一人になりました。

（関釜裁判ニュース第13号より）

朴頭理さんは慰安所の主人に殴られて耳が遠くよく聞き取れないため、いつも大声で話していました。性病に罹患して、太ももが痛くなり病院で二回手術した後遺症で足も痛んでいたようです。台湾での生活が思い出されるときは、お酒を飲んで、煙草も多く吸わないと寝付くことができません。一九九二年の冬に「ナヌムの家」に入居しました。「ナヌムの家」での共同生活は人間関係に苦労しますが、一人でナムルを売るなど苦労して生きていた釜山での生活よりは楽だということでした。机の上には、孫たちの写真が置かれていました。

女子勤労挺身隊員たちの被害実態

関釜裁判の原告のうち七人の女子勤労挺身隊被害者は、軍需会社の富山市にある不二越鋼業に三人、名古屋市にある三菱飛行機工場に一人、静岡県の沼津市にある東京麻糸工場に三人が強制動員されました。原告団のリーダー的役割だった朴Sさんの被害実態は以下の通りです。

〈陳述書要旨〉

私は、一九三一年一二月五日に慶尚北道《キョンサンプクト》大邱市で八人兄弟の五番目の子どもとして生まれました。

父は、人を雇って農業をしていました。私は国民学校に行かせてもらっていましたので、家は裕福な方だったと思います。

一九四四年三月に、私は大邱達城《タルソン》国民学校を卒業しました。同年五月私が一二歳のとき、六年生のときの担任だった守屋先生から連絡があり、国民学校にいくと守屋先生と帽子をかぶった軍人みたいな人がいました。守屋先生は私に、「国のために仕事をしなければならないから挺身隊に行きなさい。日本に行ったら中学校の勉強を教えてもらえるし、生け花や裁縫など女性が知っていたらいいものは全部教えてもらえる。韓国女性はみんな行くようになるから、どうせ行くなら早くいった方がいい。行ってみて、気に合わなかったら、船でまっすぐ韓国に連れてくる」と言いました。当時、女の子で中学校まで行ける人は少なかったので、私は、中学校の勉強も教えられると聞いて、日本に行こうと思いました。

また、当時学校で国のために尽くすことが大事だと教えられていたので、国のためになるなら挺身隊に行こうとも思いました。守屋先生にその場で「日本に行きます」と返事をしました。私は、家に帰って母親に日本に行くことを伝えると、母は大変心配して、「たくさん行くのか？」と聞いてきました。父に言えば、女の子が一人で行くなんてとんでもないと反対するに決まっており、父には言えなかったので、父には内緒で、昼寝をしている間に印鑑を持ちだして、守屋先生に届けました。

一九四四年五月一五日、私は慶尚北道の道庁の広場に行きました。そこには少女が四五人くらい集まっていました。私達は、女子勤労挺身隊の鉢巻とたすきをしました。出発に先立ち、「一生懸命やってこい」という道知事の挨拶があり、その後は個人行動は一切できませんでした。母は心配して姉と一緒に見送りに来てくれました。母はすごく泣いていました。汽車に乗り、日の暮れる頃、釜山に着きました。富山に行くということは、汽車の中で聞きました。

不二越では、一〇畳くらいの部屋一〇人で暮らしました。寄宿舎の周囲には鉄条網がはりめぐらされていました。私達は工場と寄宿舎への行き来以外には外出することはできませんでした。私は家からお金を多少持って来ていましたが、寄宿舎に入ったときに、舎監に全部預けました。貯蓄をすればそれだけ得になると言われたからです。親戚の叔父さんが面会に来てくれ、小遣いをくれたことがありましたが、その小遣いも舎監に預けました。しかし、預けたお金を自由に使うことはできませんでした。

仕事は不二越に着いた翌日から始まり、私はドリルを製造する作業をしました。具体的には、旋盤に金属をはさんで、それを締め、ドリルができたら取り出すという作業です。私は背が低かったので、踏み台の箱の上にのって、朝八時から一二時、午後一時から五時まで作業をし、五時から後は機械を拭きあげる作業があり、作業全体を終えるのは六時ころでした。

工場には寄宿舎から隊列を組んで、軍歌を歌いながら行きました。不二越に連れてこられてから八カ月程経った頃、機械を拭き上げる作業をしているときに布と一緒に手が巻込まれ、人差指が切れて落ちかけ、指を八針ほど縫う怪我を負いました。病院で指を縫った後も、二〇日間ほど通院しましたが、その間は工場の掃除をさせられ、仕事を休むことはできませんでした。相当手が腫れて、包帯もしていましたが、手が痛くてたまらなく、郷里のこと、母のことを思い出し、悲しくて涙を拭きながら仕事をしました。その指には、今でもはっきりと傷痕が残っています。

食事は、不二越に来た最初の日の朝食だけはカレーライスでしたが、翌日からは、朝食は小さな茶碗一杯のご飯とみそ汁、昼食は三角形の食パン三切れでした。昼食の食パンは、朝に弁当として渡されるのですが、私達は朝食だけではお腹が空くので、朝のうちにお昼の食パンを食べ、昼食時は水だけを飲んで休んでいました。班の一〇名全員が同じことをしていました。私達はいつもひもじい思いをしていました。日本人の勤労動員の女学生達も、私達と同じ食堂で食事をしていましたが、彼女たちのおひつはいつも八分目のご飯が入れられていましたが、韓国人のおひつは半分しか入っていませんでした。しかも日本人の女学生たちは、週末には帰宅して食べものを持ってかえることができました。私達は親に会うこともできず、手紙を書いても内容が良くなければ捨てられてしまい、本当に辛かったです。

国民学校の四年生の時の担当の杉山とみ先生とクラスメートたちから慰問文のような手紙を一つの本のように綴ったものをもらいましたが、その手紙の中にいろんなパンの絵が書いてあり、それを見てひもじくてたまらなくなり、泣いていたこともありました。

私は、ひもじくて郷里の家に手紙を出したところ、干し柿とトック、長靴を送ったと返事が来ましたが、舎監室に届いたものは風呂敷と長靴だけで、食べ物はなくなっていて、泣きました。不二越にいた間、肉も魚も一度も口にしたことはありませんでした。

空襲は一九四四年に既に始まっていました。一九四五年に入って次第にひどくなり、一週間に二、三回B29が飛んできて空襲警報が鳴るようになり、寺や神社に逃げたことがあります。空襲は夜もあり、布団一枚を持って逃げ、その半分を下に敷いて、半分をかぶって、朝鮮に帰れないままここで死ぬんだという恐怖に怯えていました。

私が不二越に来てから、一年数カ月が経った頃、空襲がひどくなり、工場を移転することになりました。舎監の女性と男の人に連れられて、富山港から船に乗りました。朝鮮に帰れると非常に嬉しかったです。船には慶尚北道第一次の四五人が一緒に乗っていました。

工場予定地の沙里院の会館で何日間か待機させられましたが、日本から機械が届いたら連絡するから故郷に帰って待っていろと指示され、一九四五年七月一八日、列車に乗せられて帰郷しました。その時に非常袋と防空頭巾をもらいましたが、お金はもらいませんでした。家に帰ると、私があまりにみすぼらしい姿だったため、母は自分の娘と気付かずに、乞食と思ったらしく「何時だと思っているんだ。ご飯の時間にあわせてきなさい」と言いました。「お母さん、Sです。今帰ってきました」と言ったら、母は驚いて「アイゴー、うちの娘が生きて帰ってきた」と泣きました。

家で待っているように指示されてから約一カ月後に解放になりました。私は、不二越で一円の給料ももらっていないし、家から持ってきたお金も貯金させられたままです。勉強ができると思って不二越に来たのに、仕事をさせられただけで、勉強させてもらえず、裏切られました。

帰国してから、栄養失調のために結核性リンパ炎にかかりました。現在は狭心症で、体も弱いです。幼い頃、親と離れて、重労働をさせられ、怪我もし、自由も全くなく、腹をいつもすかせて、悲しく辛い思いをしました。それなのに、一円の補償もありません。不二越で味わった悲しみ、辛さ、悔しさを知ってもらい、補償を受けたいと思います。

（第二次不二越訴訟で二〇〇五年に富山地裁に提出した「意見陳述書」より）

「挺身」という単語は「自分の身を投げ出して物事をすること」（『広辞苑』）で、戦時期に「女性が国家のために身を投げ出して任務を遂行する」という意味で「挺身隊」あるいは「女子勤労挺身隊」という名称が使われたと考えられます。

戦争末期、工場から青年労働者が兵隊に召集され、その穴埋めとして女性が大量に動員されました。日本では一九四四年三月に「女子挺身隊制度の強化策要綱」が閣議決定され、学校長、女子青年団、婦人会から女子挺身隊を組織するようになります。また学徒動員として女学校三年生以上が動員されました。一九四四年八月には「女子勤労挺身隊令」が公表され、即日実施されます。一九四五年になると女学校の授業はほとんどなくなり、学徒動員は二年生以上が動員され、一年生も農作業に動員されました。女学校卒業生や一四歳以上の地域で組織された日本人女子挺身隊員は、敗戦時四七万二五七三名でした（労働省編『労働行政史』第一巻、労働法令協会、一九六九年より）。

一方当時の植民地朝鮮には法律は適用されませんでしたが、「志願」という形で、戦争末期の一九四四年四月から沼津の東京麻糸工場に約三〇〇名、五月から富山の不二越工場に約一〇九〇名、六月から名古屋飛行機工場に約三〇〇名が動員されていきました（内務省管理局「昭和十九年度内地樺太南洋移入朝鮮人労働者供出割当数調」）。一九九二年に韓国政府により植民地当時の初中高等学校の学籍簿の調査が行なわれ、女子挺身隊動員先としてこれら三工場は確認されました（韓国の日帝強制占領下強制動員被害真相糾明委員会による「女子勤労挺身隊方式による労働動員に関する調査報告」より）。これ以外にも数カ所の工場が動員先として噂に上っていますが、学籍簿には載っていないので今のところ確定されていません。

皇民化教育による民族的アイデンティティーの抹殺

関釜裁判の第一四回口頭弁論のために来日された朴SUさんは、前日に弁護士と本人尋問の打ち合わせを行ないました。彼女は皇民化教育の優等生で、日本が大好きで、弁護士が最後に「日本の国に対して抗議することはないか」と問われ困惑されたようです。その深夜、突如起き出し大声を上げて「弁護士が包丁を持って迫ってくる」と取り乱されました。この出来事を目の当たりにした私は、皇民化教育の呪縛の深さにおののきました。愛国のために志願していき、裏切られてもなおその呪縛から解き放たれない、目に見えない被害の根深さに。もちろん個人により程度の差がありますが、彼女は特に影響を強く受けた方でした。一九九七年一審の第一八回口頭弁論で、朴Sさんの国民学校四年生の担任であった杉山先生に、朝鮮の国民学校での皇民化教育の実態について証言していただきました。

「ここ（朝鮮）が日本であること、皆が日本人であることの意識を生徒に知らせるために『皇国臣民の誓いの言葉＝我ら皇国臣民なり。忠誠を持って君国に報ぜん』を、毎日の朝礼で生徒に唱えさせました。『皇民として終生もって軍国に、天皇に忠義を尽くします』というのがその内容でした。また、『海ゆかば水漬く屍、山ゆかば草むす屍、大君の辺にこそ死なめ、顧みはせじ』も生徒に毎朝歌わせました。近くの公園に神社があり、全校生徒を毎月参拝させました。朝鮮語はいっさい禁止。校内に入ると厳禁でした。違反すると体罰が公然となされ、木刀の上に正座させられました。自分の言葉が使えなかった生徒たちに、今は申し訳ない気持ちでいっぱいになります」とつらそうに語られました。

朴SUさんは神武天皇以降一〇〇人以上の天皇の名前をすらすらとそらんじることができます。本人尋問で「大変きつい仕事だったが、国のために誇りを持ってやった」、「日本が戦争に勝って帰りたかった」、「小さいときから日本人でいたので、朝鮮が日本の植民地になっていたことを知らなかった」、「敗戦で解放と聞いても意味が分からなかった。天皇のために尽くしたのに本当に残念だった。朝鮮で周りの人が喜んでいるので気が狂ったと思った」、「戦争に負けた日本が可哀想だと思った。一七歳になって働いていた職場で本を読んで、植民地であったことを知った」と語っています。

一九三七年の日中戦争勃発以降、植民地朝鮮において徹底した皇民化教育が導入され、長い歴史を持つ朝鮮民族のアイデンティティーを根こそぎ奪う洗脳教育がなされたのです。

生涯を韓国への贖罪で生きてきた杉山先生

敗戦直後の朝鮮社会で杉山とみ先生は日本人を敵視する市民からバス停で「日本語を使うな」とののしられ、「日本人が日本語を使って何が悪いの」とやり返しました。その瞬間、朝鮮人の生徒たちに朝鮮語を使うことを禁じてきた皇民化教育の過ちを悟り愕然とします。戦後郷里の富山に引き上げた後、韓国への贖罪と友好のために生きてきました。朴Sさんの同級生たちが開く同窓会に杉山先生は招かれていましたが、朴さんが同窓会に来ないことをずっと心配されていました。富山の「不二越訴訟を支援する会」を通して関釜裁判と朴Sさんのことを知り、九三年四月に福岡に駆け付けて感激の対面をしました。本当に朴Sさんは嬉しそうでした。杉山先生は当時の皇民化教育の誤りについて裁判の証人にもなりました。

現在高齢者住宅で生活している杉山先生は、九九歳で今なお日韓友好のための投稿を新聞に寄せています。

2　朝鮮人女子勤労挺身隊と慰安婦との混同

なぜ韓国では慰安婦被害者を挺身隊と同一視するのか

戦前の植民地・朝鮮では情報が統制され、女子勤労挺身隊原告たちは日本の何県のどのような工場に行くのかも前もって教えられませんでした。また日本の炭鉱の周辺にある朝鮮料理屋などに、朝鮮から女性が連れてこられ売春を強いられていました。このような植民地支配下の秘密主義と日本に渡る女性への噂の中で、女子勤労挺身隊で日本に渡った人たちが慰安婦と混同されていったのでしょう。

そうした混同は一九九〇年代初頭、慰安婦問題が日韓の外交問題に浮上する中でさらに加熱していきました。一九九二年一月一六日慰安婦問題で日韓両国の注目が集まる最中に宮澤喜一首相が訪韓しました。

その前年に、ソウルの「芳山国民学校」（植民地支配下の名前）から挺身隊に送られた六人の学籍簿が公開されました。戦前同校の教師で、教え子を送り出した池田正枝さんが求めたのです。

この学籍簿の公開を、宮澤訪韓の直前に東亜日報は社説で「一二歳の挺身隊」とのセンセーショナルな見出しで「本当に天と人がともに憤怒する蛮行だった。当時、この学校に勤務して、彼女らを挺身隊に送った日本人担任教師池田は『勤労挺身隊』に送ったと話している。（中略）しかしそれは真っ赤な嘘だった。勤労挺身隊という名で動員された後、彼女らを軍慰安所に回した事実が、様々な人の証言で立証されているからだ。池田が罪責感のため、韓国の方向の空を眺めることができないまま独身で暮らしてきたことを見ても、池田は勤労挺身隊の正体がなんであるかよく知っていたのであろう。このように動員された挺身隊慰安婦は八万～二〇万名と推算される」と書きました。他の新聞でも同じような報道がなされました。こうした報道に接した韓国人の憤怒の中で宮澤首相は訪韓し、謝罪を繰り返すことになりました。

池田正枝さんに私もお会いしたことがあります。池田さんは、送り出した生徒六人のうち五人が敗戦後不二越から帰国したことは確認できましたが、あと一人の確認ができませんでした。学籍簿の公開の後にようやく電話連絡ができ、不二越から帰っていて五人の子供の母になっていることを知りました。しかし「夫に知られると慰安婦と誤解されるのでずっと隠している」と言われ、会うことを拒まれます。

このように裏付けのない誤報が飛び交い、少女たちが日本国により組織的に慰安婦にされたという誤解が韓国社会にますます広がっていったのです。韓国では慰安婦問題に取り組む会の名称が挺身隊問題対策協議会（以下、挺対協）であったように、韓国社会の中の挺身隊＝従軍慰安婦という混同は、宮澤首相訪韓時のマスコミによるセンセーショナルな報道でさらに強められました。

二〇〇〇年ごろ、私は尹貞玉《ユンジョンオク》挺対協代表に女子勤労挺身隊たちが戦後慰安婦と混同されてきた悲劇を伝えて、「挺対協に申告されている女子勤労挺身隊被害者たちの聞き取り調査を実施して、慰安婦と女子勤労挺身隊は違うということを明らかにしてほしい。また会の名称も考え直してほしい」と要請したことがあります。尹貞玉さんは「分かりました。今は二〇〇〇年戦犯法廷の準備で忙しいから、終わったら取り組みましょう」と言われました。しかしながら戦犯法廷が終わると代表を辞任されてしまいました。ほかの女子勤労挺身隊裁判の支援団体も誤解を招かないように名称変更の要請をしましたが、変更されることはありませんでした。（二〇一八年にようやく「日本軍性奴隷制問題解決のための正義記憶連帯」、略称「正義連」に変更された。）

原告たちは裁判で福岡に来ることをとても楽しみにしていました。裁判所で、だました国を糾弾しながら積り積もった怒りや悲しみを訴えることができたこと、支援者たちとの交流会や、裁判所への行き帰りに車の中で挺身隊だったころに覚えた軍歌や歌謡曲を歌い踊りながら、まるで戦後五〇年を生き延びた仲間たちとの同窓会を楽しんでいるようでした。しかし、当時の韓国社会では挺身隊被害者への理解や支援運動はなく、ひとたび韓国へ帰れば慰安婦とみなされかねない恐れの中で、新聞やテレビに顔を写されるのを極度におびえる原告たちがいたのもやむをえないことでした。

そうした中で、朴Sさんは裁判に非常に積極的で公然と顔を上げて取材にも応える、原告たちのリーダーでした。一三歳で動員された朴Sさんは挺身隊時代の過労と栄養不良のために肺を患い婚期を逃し、正式な結婚ができず息子を生み育ててきました。まっすぐで誇り高い朴Sさんにとっては誰にも打ち明けられない恥辱の人生でした。何度も我が家に泊まり、信頼し合える仲になって、そっと私たちに涙ながらに話されました。

一審での慰安婦原告三人の勝訴判決が韓国のテレビや新聞で大きく報道され、顔が映ったために慰安婦と混同され、親戚や教会などでうわさになり、家族から裁判を止めるように懇願され、強いストレスで脳溢血になりました。それにもかかわらず彼女は、広島高裁と企業を相手取った第二次不二越訴訟の原告として闘い続けました。二〇〇六年ごろに認知症が出てきて、徐々に裁判への関心が薄れ、やがて毎年訪問する私たちを判別できないようになり、二〇一二年ついに帰らぬ人になりました。脳梗塞に罹らなかったら認知症にならなかったかもしれません。

彼女は、「慰安婦と間違えられていやだというよりも、韓国では本当の意味で挺身隊の被害を理解されていないのが悔しい」と語っていました。

3　慰安婦原告に画期的な勝訴判決

提訴以来五年四カ月、二〇回の口頭弁論を経て一九九八年四月二七日、山口地裁下関支部で判決の日を迎えました。「勝つ」と期待している原告たちと、福岡からの三九人の支援者を乗せて八台の車が下関に向かいました。一〇〇人ぐらいの日本と韓国の報道陣に迎えられ、四八席の傍聴券を求めて二〇〇人以上が抽選の列に並んでいました。午後一時半、近下裁判長より判決主文が読み上げられました。主文は固く難解な文章でかつ短すぎてよく解らず、「慰安婦原告に賠償金三〇万円」と「女子勤労挺身隊原告たちは、元慰安婦原告たちに比べ、重大な人権侵害をもたらしているとまでは認められない」ということだけは、聞き取れました。「一部認容」の判決です。

写真２　地裁判決の日、法廷に入る原告団
（目の見えない李順徳さんをまん中に手をつなぐ朴頭理さん（左）と梁錦徳さん（右）。後ろは弁護士たち、1998 年 4 月 27 日）

通訳から判決の内容を聞かされた朴頭理さんは、三〇万円という金額に耳を疑い、「一億円を要求しているのに三〇万円とは何事か」と怒り、すでに裁判長が退廷していたため怒りの持っていき場がなくて、とりあえず傍にいた山本弁護士を叩きながら怒っていました。

女子勤労挺身隊原告たちの怒りはすさまじかった。「せめて、つらい思いをして働いた給料だけでも払ってほしい」との、つつましくて、あまりにもまっとうな訴えさえも却下されたことがどうにも許されなかったのです。梁錦徳さんは「判決文」を力いっぱい机にたたきつけ

写真３　外で待つ支援者に「一部容認」の旗出しをする六田俊一さん（1998 年 4 月 27 日、於・山口地裁下関支部）

「日本は泥棒だ。私が働いた給料を返してくれ、責任がないとは何ですか」と地団太踏んで泣き叫びました。

厳しい判決を覚悟しながら外で待機している二〇〇名ほどの支援者たちは、「一部認容」と書かれた旗出しを見てどよめきを上げて喜びました。そこに泣き叫びながら挺身隊原告たちが出てきて、一瞬にして支援者たちの顔がこわばりました。

梁錦徳さんは地面を転げまわって不当判決に怒りの声を上げ続け、朴Sさんは「韓国に帰った後で会社が連絡するという約束を五〇年間信じて待っていたのに、何の連絡もない。それなのにこの判決は何ですか。馬鹿にしている」と泣きながら訴え続けます。慰安婦原告の李順徳さんは、「八年間女として人間以下の犬のような扱いをされてきた。三〇万円とは冗談ではない。言葉では語れない、ひどい目にあった。今は目も見えなくなり、一人で生活もできない。ちゃんと謝罪と賠償をしてほしい」と訴える。

近くの教会での報告集会で判決文を検討した弁護士からの報告がありました。李弁護士は「実質、

写真４　判決後の報告集会
（1998 年 4 月 27 日、於・下関バプテスト教会）

全面敗訴。被害事実を認めながら、それに対する救済命令を下さなかったという残念な判決だった。原告が高齢であることを考えれば、立法によって救済するにしても時間がかかりすぎる。なぜ、謝罪と賠償を認めなかったか。人権蹂躙の程度は慰安婦も挺身隊も同じ。比較するのはおかしい」と語りました。

続いて山本弁護士は「従軍慰安婦制度を女性差別、民族差別と認定し、基本的な人権の侵害としたことは評価すべき。立法不作為による賠償を認めたのは意外ですらある。裁判所が国に対して『法律を作って補償しなさい』と命じているに等しく、日本政府に突き付けた判決と言える。国は全面敗訴と受け止めているだろう」と高く評価できる点を説明した。

このような原告たちの怒りと抗議、弁護士の判決への評価の違いなどもあり、新聞・テレビなどの報道も乱れました。支援する会は裁判で負けることもあることを想定し、原告たちの怒りや疲れを癒すために、車で一時間ぐらいの温泉宿での宿泊を予約していました。その夜は温泉に入って少し休んだ後、歌い踊りながら憂さを晴らす場となりました。

判決後、韓国大使館やマスメディアからの問い合わせが携帯電話にかかり、判決文を至急送ってほしいとの要請などに対応していましたが、福岡の私の家にもファックスが殺到しているかもしれないと、温泉宿での宿泊をあきらめて福岡の自宅に引き上げてきました。判決文をファックスで送り続けて、深夜改めて判決文を読み直しながら、裁判官たちの熱い思いが伝わってきて、深い感動に包まれました。

判決の要旨

まず、「法律問題」として原告側が主たる請求の根拠に置いた「憲法九条」と「憲法前文」に基づく「道義的国家たるべき義務」に基づく公式謝罪及び損害賠償請求については、「日本国憲法制定当時、戦争被害に対する賠償は平和条約、講和条約等の国家間条約によってなされるのが通常であり」、「直ちに個人に対する謝罪と賠償の立法義務があるとまでは解し難い」として退けられ、予備的な請求である「立法不作為による国家賠償請求」が採用されたのは意外でした。

というのは、立法行為に関する国会議員の責任は国民全体に対する関係で政治的責任（選挙での国民による審判等）にとどまり、「立法の内容が憲法の一義的な文言に違反しているにもかかわらず国会があえて当該立法をおこなうごとき、容易に想定し難いような例外的な場合でない限り、国家賠償の適用上違法の評価を受けない」とする一九八五年の厳しい最高裁判例があるからです。この判例の「例外的な場合」について判決は「やや見解を異にし、立法不作為に関する限り、これが日本国憲法の秩序の根幹的価値に関わる基本的な人権の侵害をもたらしている場合にも、例外的に国家賠償法上の違法をいうことができる」と最高裁判例に異を唱えたのです。「多数決原理による議会制民主主義の政治が、その原理だけのもとでは機能不全に陥り、多数者による少数者への暴虐をもたらしたことの反省に立って日本国憲法が制定された。その日本国憲法の原理が基本的人権の思想であり、この基本的な人権の尊重、確立のために議会制民主主義の制度が採用された」、「人権侵害が現に個別の国民ないし個人に生じている場合に、その是正を図るのが国会議員の憲法上の義務であり、同時に裁判所の憲法上固有の権限と義務である。……当該人権侵害の重大性とその救済の必要性が認められ、国会が立法の必要性を十分に認識し、立法可能であるにもかかわらず、合理的な期間が過ぎてもなお放置している場合にも立法不作為による国家賠償法を認めることができる」としました。

判決では被害事実について次のように認定しました。

〈陳述や供述の信用性〉

原告らが慰安婦とされた経緯は、必ずしも判然としておらず、慰安所の主人等についても人物を特定するに足りる材料に乏しい。また、慰安所の所在地も上海近辺、台湾という以上に出ないし、慰安所の設置、管理のあり方も、肝心の旧軍隊の関わりようが明瞭でなく、部隊名すらわからない。しかしながら、慰安婦原告らがいずれも貧困家庭に生まれ、教育も十分でなかったことに加えて、現在原告らがいずれも高齢に達していることをも考慮すると、その陳述や供述内容が断片的であり、視野の狭い、極く身近な事柄に限られてくるのもいたしかたないというべきであって、その具体性の乏しさのゆえに、同原告らの陳述や供述の信用性が傷つくものではない。かえって、慰安婦原告らは、自らが慰安婦であった屈辱の過去を長く隠し続け、本訴に至って初めてこれを明らかにした事実とその重みに鑑みれば、本訴における同原告らの陳述や供述はむしろ、同原告らの打ち消し難い原体験に属するものとして、その信用性は高いと評価され、これをすべて採用することができるというべきである。

そうであれば、慰安婦原告らは、いずれも慰安婦とされることを知らないまま、だまされて慰安所に連れてこられ、暴力的に犯されて慰安婦とされたこと、右慰安所は、いずれも旧日本軍と深くかかわっており、一九四五年八月の 戦争終結までほぼ連日、主として旧日本軍人との性交を強要され続けてきたこと、帰国後本訴提起に至るまで近親者にさえ慰安婦としての過去を隠し続けてきたこと、これらに関連する諸事実関係については、ほぼ間違いのない事実と認められる。同原告らが被った肉体的・精神的苦痛は極めて苛酷なものであり、帰国後もその恥辱に苛まれ、今なお心身ともに癒すことのできない苦悩のうちにある。そして、この従軍慰安婦制度が、原告らの主張するとおり、徹底した女性差別、民族差別思想の現れであり、女性の人格の尊厳を根底から侵し、民族の誇りを踏みにじるものであって、しかも、決して過去の問題ではなく、現在においても克服すべき根源的人権問題であることもまた明らかである。

〈法的責任〉

昭和一三年三月、常州駐屯軍慰安所使用規定
「単価 使用時間は一人一時間を限度とする。」
支那人　一円
半島人　一円五〇銭
日本人　二円
「慰安所内に於て飲酒するを禁ず」
「女は総て有毒者と思惟し防毒に関し万全を期すべし」

「営業者は酒肴茶菓の饗応を禁ず」
「営業者は特に許したる場所以外に外出するを禁ず」

酒肴茶菓の饗応、接待もなく、ただ性交するだけの施設がここにあり、慰安婦とはその施設の必需の備付品のごとく、もはや売（買）春ともいえない、単なる性交、単なる性的欲望の解消のみがここにある。慰安所開設の目的と慰安婦たちの日常とに鑑みれば、まさに性奴隷としての慰安婦の姿が如実に窺われるというべきである。

ところで、日本国憲法は、その人権総論部分である一三条において「すべて国民は、個人として尊重される。生命、自由及び幸福追求に対する国民の権利については、公共の福祉に反しない限り、立法その他の国政の上で、最大の尊重を必要とする。」旨規定し、個人の尊重、個人の人格の尊厳に根幹的価値を置いている。

従軍慰安婦に対する人権侵害の重大性と現在まで続く被害の深刻さに鑑みると、従軍慰安制度は、その当時においても、婦人及び児童の売買禁止に関する国際条約（一九二一年）や強制労働に関する条約（一九三〇年）上違法の疑いが強い存在であったが、単にそれのみにとどまらず、同制度は、慰安婦原告らがそうであったように、植民地、占領地の未成年女子を対象とし、甘言、強圧等により本人の意思に反して慰安所に連行し、日本軍が政策的、制度的に旧軍人との性交を強要したもので、極めて反人道的かつ醜悪な行為であったことは明白であり、少なくとも一流国を標榜する帝国日本がその国家行為において加担すべきものではなかった。にもかかわらず、帝国日本は、旧軍隊のみならず、政府自らも事実上これに加担し、その結果として、先にみたとおりの重大な人権侵害と深刻な被害をもたらしたばかりか、慰安婦原告らを始め、慰安婦とされた多くの女性のその後の人生までをも変え、第二次世界大戦終了後もなお屈辱の半生を余儀なくさせたものであって、日本国憲法制定後五〇年余を経た今日まで同女らを際限のない苦しみに陥れている。

そうであれば、日本国憲法制定前の帝国日本の国家行為によるものであっても、これと同一性ある国家である被告には、その法益侵害が真に重大である限り、被害者に対し、より以上の被害の増大をもたらさないよう配慮、保証すべき条理上の法的作為義務が課せられているというべきであり、……日本国憲法制定後は、ますますその義務が重くなり、被害者に対する何らかの損害回復措置を採らなければならないはずである。しかるに、被告は、従軍慰安婦制度の存在を知っていたはずであるのに、日本国憲法制定後も多年にわたって同女らを放置したままあえてその苦しみを倍加させたのであり、この不作為は、それ自体がまた、新たな侵害行為となるというべきである。そして、遅くとも従軍慰安婦問題が国際問題化し、国会においても取り上げられるようになって、一九九三年八月四日「いわゆる慰安婦問題について」と題する調査報告書を提出し、当時の河野洋平内閣官房長官も、「慰安所は、当時の軍当局の要請により設営されたものであり、慰安所の設置、管理及び慰安婦の移送については、旧日本軍が直接あるいは間接にこれに関与した。慰安婦の募集については、軍の要請を受けた業者が主としてこれに当たったが、その場合も、甘言、強圧による等、本人たちの意思に反して集められた事例が数多くあり、更に、官憲等が直接これに加担したこともあったことが明らかになった。また、慰安所における生活は、強制的な状況の下での痛ましいものであった」、「戦地に移送された慰安婦の出身地については、日本を別とすれば、朝鮮半島が大きな比重を占めていたが、当時の朝鮮半島は我が国の統治下にあり、その募集、移送、管理等も、甘言、強圧による等、総じて本人たちの意思に反して行われた」、「いずれにしても、本件は、当時の軍の関与の下に、多数の女性の名誉と尊厳を深く傷つけた問題である。政府は、この機会に、改めて、その出身地のいかんを問わず、いわゆる従軍慰安婦として数多の苦痛を経験され、心身にわたり癒しがたい傷を負われたすべての方々に対し心からお詫びと反省の気持ちを申し上げる。また、そのような気持ちを我が国としてどのように表すかということについては、有識者のご意見なども徴しつつ、今後とも真剣に検討すべきものと考える」との内閣官房長官談話を発表している。

慰安婦とされた多くの女性の被った損害を放置することもまた新たに重大な人権侵害を引き起こすことをも考慮すれば、遅くとも右内閣官房長官談話が出された平成五（一九九三）年八月四日以降の早い段階で、先の作為義務は、慰安婦原告らの被った損害を回復するための特別の賠償立法をなすべき日本国憲法上の義務に転化し、その旨明確に国会に対する立法課題を提起したというべきである。そして、右の談話から遅くとも三年を経過した平成八年八月末には、右立法をなすべき合理的期間を経過したといえるから、当該立法不作為が国家賠償法上も違法となったと認められる。なお、被告国会議員も、右の談話から右立法義務を立法課題として認識することは容易であったといえるから、当該立法をしなかったことにつき過失があることは明白である。

以上によれば、慰安婦原告らは、被告に対し、国家賠償法一条一項に基づき、被告国会議員が右特別の賠償立法をなすべき義務を違法に怠ったことによる精神的損害の賠償を求める権利があるというべきところ、その額については、将来の立法により被害回復がなされることを考慮し、各金三〇万円と算定するのが相当である（以上、判決文より抜粋）。

三〇万円問題

判決当時報道された「慰安婦被害に対する賠償金三〇万円」は間違いで、この判決文の主旨は別のところにあります。一九九三年八月の「河野談話」により日本の国会で「慰安婦」被害者に三年以内に賠償する立法義務が生じた。その三年が過ぎて、判決当時さらに一年半以上が経過している。その立法が遅れていることに対するペナルティーとして三〇万円を原告たちに支払いなさい、被害そのものへの賠償は国会で法律を作り、原告のみならずすべての慰安婦被害者に賠償しなさい、とする極めて画期的な判決でした。韓国国内では三〇万円を慰安婦被害への賠償金と誤解して報道され、「新たな民族差別」とする主張もありました。

公式謝罪については、「これこそ政治部門の独自の判断と裁量により決すべき事項であって司法裁判所の介入できるところではない」として採用されませんでした。

この判決文には、最高裁判例に敢然と異を唱え、何としても慰安婦被害者を救済したいという裁判官たちの熱い思いが全編にあふれていました。李順徳さんの本人尋問で、戦時下に受けた非人道的な被害が、戦後も癒されることなく脈々として続いている痛ましさを裁判官たちも目に焼き付けたからでしょう。そして本当に原告や国民に伝えたいときは、法律家といえども、なんとわかりやすく書くのだろうと感心しました。弁護士や私たち支援者のこの裁判にかける問題意識は「戦後責任を問う関釜裁判」と名付けたように、平和と人権を謳った日本国憲法の下で、植民地支配や侵略戦争によるアジアの戦争被害者を五〇年間にわたって放置してきた責任を自らと日本社会に問いかけていく闘いとして位置づけてきました。判決文を読みながら裁判官たちが私たちと問題意識を共有していることが痛いほど伝わってきました。過去の問題としてではなく、現在放置されていることが私たちが住んでいる日本国の最高法規である日本国憲法の人権保障の根幹を侵しているとして、司法の中にいる一人として何とかこれを解決しようという決意が伝わってきます。最高裁判例に逆らってまでよくぞ書いてくれたと、その勇気に打たれました。

負け続けてきた戦後補償裁判で、しかも国際的な関心も強い慰安婦裁判での初めての勝訴判決として、国内のマスコミだけでなく国外でも大きく報じられました。判決翌日の四月二八日付の朝鮮日報、東亜日報、中央日報、ハンギョレ新聞などが一面トップで報道し、台湾でも聯合報が国際面のトップで、その他、フィリピン、香港などアジア各国の新聞やテレビで報道されました。ニューヨーク・タイムズがインターネットで速報し紙面でも報道、欧米各国の新聞もＡＰ通信の配信記事を掲載しました。

一方、女子勤労挺身隊原告たちが「元慰安婦原告たちに比べ、重大な人権侵害をもたらしているとまでは認められない」とみなされたことに落胆と、深い責任を感じました。弁護士や私たち支援者が女子勤労挺身隊原告たちの被害の深刻さやその背景、そして戦後も続く被害の継続に関しての洞察力と理解が弱かったのではないかと、申し訳ない思いに駆られました。この課題は高裁で何としてでも果たさなければならないものでした。

慰安婦原告の訴えに敗訴した国は広島高裁に控訴しました。女子勤労挺身隊原告七人も控訴し、裁判は広島に移りました。

立法課題が現実化

山口地裁下関支部の判決（以下、「下関判決」）は、慰安婦被害者の裁判支援者たちに希望と勇気を与えるものでした。慰安婦裁判の相互支援や立法化を目指して、東京で「下関判決を生かす会」

が結成されました。そして判決文を七五〇冊パンフレットにして、判決で立法化の責任を問われた衆議院、参議院の全国会議員に配りました。

こうした動きをも背景にしながら、二〇〇〇年に民主、共産、社民各党が参議院に慰安婦問題の解決法案を議員立法として提出し、その後一つにまとめて「戦時性的強制被害者問題の解決促進法案」（巻末資料4参照）として毎年提出し続けました。

第二章　関釜裁判第二審から敗訴確定まで

一審判決で敗訴した女子勤労挺身隊原告は一九九八年五月一日に広島高裁に控訴しました。慰安婦原告の訴えに敗訴した国側も五月八日に控訴しました。慰安婦裁判で唯一一審で勝訴したため、国内外の熱い視線が注がれる裁判となりました。原爆が初めて投下された広島では平和と人権の意識が強く、「関釜裁判を支える連絡会」が広島市、福山市、三次市に次々と結成されました。

翌年の二月二三日、第一回口頭弁論が開かれ、全国各地から一〇〇名以上の支援者たちが詰めかけ、四二の傍聴席をめぐって抽選会が行なわれました。一審勝訴の影響で、口頭弁論もその後の報告集会も熱気があふれていました。原告たちは裁判の前日に福岡の私の家で弁護士との打ち合わせや支援者との交流を行ない、翌日新幹線で広島に向かいました。裁判傍聴のため福岡の支援者たちは車に分乗し四時間かけて広島に向かいました。原告たちは法廷で意見陳述や本人尋問に応じ、裁判報告会終了後は広島県各地の支援する会に招かれて、証言集会や交流会に参加し、観光、キムチ教室などを楽しみながら、広島各地の支援者たちとの親交を深めていきました。原告と交流し、話を聞き、一緒に食事をし、一緒に温泉に入るなどを通して被害者たちの思いや魅力に接するにつれ、各地の「支援する連絡会」の人々の裁判支援の熱も高まっていきました。

私たち一審原告側は、以下の二点を目標としました。

○下関判決の慰安婦原告への勝訴判決を守ること

○慰安婦原告たちの被害に、ある意味では勝るとも劣らない女子勤労挺身隊被害の深刻さを浮き彫りにし、下関判決の「日本国憲法上黙視し得ない重大な人権侵害を犯しているとは思えない」との判断を覆し、共に勝訴すること

1　控訴審での争点1——「立法不作為による国家賠償法の適用」について

一方国側は、下関判決の慰安婦原告への「立法不作為による国家賠償法の適用」を否定することに全力を挙げてきました。そのための国側の法的主張は、「一九八五年最高裁判決により、立法不作為による賠償法の適用はあり得ない」、また一九八五年最高裁判決は「国会議員の立法行為は、立法の内容が憲法の一義的な文言に違反しているにもかかわらず、国会があえて当該立法を行うがごとき容易に想定しがたいような例外的なものでない限り、国家賠償法違法の評価を受けない」というものです。一義的とは「意味がただ一つのみで、それ以外に解釈がない」ことです。

その背景として、「憲法五一条は『議員は議院で行った演説、討論、または評決について院外で責任を問われない』と規定してあり……『あるべき立法行為を措定して、立法行為を法的に評価することは原則的に許されない』」として、基本的に立法行為に対する国家賠償法の適用を最高裁判所が否定してしまいました。

この結果、多数決原理の国会で作られる法律で、社会的な弱者や在日外国人などマイノリティーの人権を無視した立法がなされても、人権の砦である司法が立法への判断を持ち込む余地を閉ざし、一九八五年最高裁判決以降の戦後補償裁判の前に大きな壁として立ちはだかってきました。

原告側の主張——一九八五年最高裁判決の誤り

日本には憲法裁判所がなく、合憲か、違憲かの判断は最高裁判所が最終決定します。原告側は「一九八五年最高裁判決は変更されるべきである」として、その理由を以下のように展開しました。

——立法不作為による国家賠償を請求する訴訟は主に一九七〇年代前半から一九八〇年代前半にかけて下級審に現れた。一九七四年札幌地裁小樽支部の「在宅投票制一次訴訟」判決（投票所に行くことができない身体障害者が、自宅で投票できないのは憲法違反と訴えた裁判の判決）から、一九八〇年大阪地裁「私学訴訟」（私立高校と公立高校との間にある授業料の差額返還訴訟）までの多数の裁判例や学説において、立法行為や立法不作為の違憲性を国家賠償訴訟で争うことを認める立場が多数を占めてきた。この時期の下級審における議論や学説は、国会議員の立法行為や立法不作為も国家賠償の原因たる違法な公権力の行使となりうることを当然の前提とした上で、国家賠償の認められるための要件である国会議員の故意過失をどのようにとらえるべきか議論の焦点となっていた。すなわち、

一　立法者の立法義務が憲法上明示されているか、または解釈上導き出される場合に、
二　相当の期間を経過しても立法者が立法義務を怠っているときに、立法の不作為が違憲となり、
三　国会議員の故意・過失が認められる場合には国家賠償が認められる、

というものである。

一九八五年最高裁判決は、当時から「下級審判決が今までに積み上げてきた成果を、いっきに根底からくつがえしてしまった」と評価され、実際に関釜裁判一審判決までの一三年間、立法不作為による国家賠償を認める裁判例は姿を消していた。

一九八五年判決は憲法五一条による国会議員の免責を、立法行為に対する国家賠償請求を抑制する根拠として挙げているが、憲法五一条「両議院の議員は、議院で行った演説、討論又は評決について、院外で責任を問はれない」は国会議員の立法活動について、個人としての民事上の責任を問わないことを規定したものにすぎず、国の賠償責任を否定するものではない。

一九八五年判決が最も厳しい批判を受けたのは、「人権が侵害された場合に裁判的救済を求める権利、ないし憲法訴訟を提起する道を保障すべきことについての配慮がまったく感じられない」という点である。「最高裁が……なにゆえに自らの違憲審査権の行使に必要以上の制約を課す論理を展開したのか、率直にいって理解に苦しむ」（野中俊彦）と学者に評されるほど、障害者や在日外国人などの社会的な弱者や少数者の人権に配慮しない判決であった。

関釜裁判一審判決は、一九八五年小法廷判決の枠組みを基本的に受け入れつつも、「例外的な場合」を拡大することによって、少数者の人権保障を実現しようとする試みの優れた例である。作られた法律が憲法に反している場合は、裁判所は法の適用の拒否によって違憲審査を行うことができることに比べ、立法不作為の場合に国家賠償を認める以外に違憲審査の方法がほとんど存在しないことを考慮すると、一九八五年最高裁判決の枠組みのなかで、例外の解釈を拡大することは誤りではなかった。

国側の主張は、日本国憲法の根源的価値が基本的人権の尊重にあること、憲法が裁判所に少数者の人権保障機能を委ねていることに照らして明らかに誤った憲法解釈である。――

以上のように原告側の弁護士は国の主張を厳しく批判しました。

2　控訴審での争点2——「日韓協定により解決済」論について

国側の「日韓協定解決済み」の主張を明確に否定

さらに国側は「日韓協定解決済み論」を新たに主張してきました。一九九〇年代はじめの国会答弁で政府は「日韓協定の請求権放棄は国の外交保護権の放棄であり、個人の請求権は消滅していません」といってきた手前、戦後補償裁判で主張することを控えてきましたが、関釜裁判での原告側勝訴に追いつめられたからでしょう。

一九六五年の日韓条約の締結に伴い「財産および請求権に関する問題の解決並びに経済協力に関する日本国と大韓民国との間の協定」（いわゆる日韓協定）で「財産、権利、および利益とは法律上の根拠に基づき財産的価値を認められるすべての種類の実体的権利」をいい、それ以外の「請求権」とは「実体的権利とはいえないクレイムを提起できる地位」ということが日韓両国で了解されている。このクレイムは国際法上は個人が直接加害国に請求できる権利ではなく、あくまで国家のみが請求することができる。ところが日韓協定は国の外交保護権を相互に放棄しているので、請求権は実質消滅している、と国側は主張してきました。

〈国連における議論〉

日本政府は、国連において日本の戦後補償問題が討議されるたびに、「日韓協定により解決済」論を主張してきました。しかし、国連人権委員会では「日韓協定は経済協力問題を扱ったものであり、被害者の人権に関する条約ではない」「日韓会談において慰安婦問題が討議されたことはない」などの理由で一蹴されてきました。

〈国会における答弁〉

①日本政府は、日韓協定締結以後、韓国人に対する戦後補償問題は完全に解決済みになったと繰り返し表明してきました。しかし、一九九一年八月二七日以降の国会答弁においては、政府は「日韓協定の規定は外交保護権の放棄にすぎず、個人の請求権は消滅していない」ことを認めてきました。

②上記答弁の変遷の経緯

一九九一年三月二六日、参議院内閣委員会でのシベリア抑留者のソ連に対する請求権についての日本政府の答弁で、高島外務大臣官房審議官は「私ども繰り返し申し上げております点は、日ソ共同宣言第六項におきます請求権の放棄という点は、国家自身の請求権及び国家が自動的に持っておると考えられております外交保護権の放棄ということでございます。御指摘のように我が国国民個人からソ連またはその国民に対する請求権までも放棄したものではないというふうに考えております」。〔注＝戦後ソビエトによりシベリアなどへ労働力として移送され、抑留された日本人捕虜は約五七万五千人〔三千人は朝鮮半島出身者〕、そのうち約五万五千人が死亡した。死者への補償と未払い賃金支払いは一九五六年に結ばれた日ソ共同宣言で日本政府は放棄した。〕

質問が日本人の権利にかかわるものであったため、政府は日ソ共同宣言によって個人の請求権が消滅するものではないことを右のように明確に答弁しました。

ところが、右の答弁を引用して日韓協定について質問された場合、これとの均衡上、日韓協定も外交保護権の放棄に過ぎないことを明かさざるを得なくなり、一九九一年八月二七日参議院予算委員会で政府委員（柳井俊二）は「いわゆる日韓請求権協定におきまして（中略）両国間の外交保護権を相互に放棄したということでございます。したがいまして、いわゆる個人の請求権そのものを国内法的な意味で消滅させたというものではございません。日韓両国間で政府としてこれを外交保護権の行使として取り上げることはできない、こういう意味でございます」と答弁しました。

一九九二年二月二六日衆議院外務委員会では、柳井政府委員が「日本の国内裁判所に韓国の関係者の方々が訴えて出るというようなことまでは妨げていないということでございます。……ただ、これを裁判の結果どういうふうに判断するかということは、これは司法府の方の御判断によるということでございます」と述べています。

整理すると次のようになります。

1　日韓協定は外交保護権を放棄したもので、個人の権利を国内法的に消滅させたものではない。
2　「財産、権利及び利益」については「大韓民国等の財産権に関する措置法」で国内法的に消滅させたが、請求権はその限りではない。
3　請求権について、韓国人が日本の裁判所に訴訟を提起することができる。
4　右の場合に請求が認められるか否かは裁判所が判断することである。
宮澤喜一首相は一九九二年一月に訪韓した際、慰安婦問題について「非常に心の痛むこと」であると「謝罪」しました。そして同年三月二一日の参議院予算委員会において、国と国との関連においては解決済だが、個人との関係については「訴訟の行方を見守ってまいりたい」と答弁しました。

以上のように、日韓協定は請求権についての外交保護権を放棄したものに過ぎず、請求権は措置法によっても消滅していません。

したがって、一審原告らの被害に対する補償・賠償の問題は日韓協定によって何ら解決されていないから、日韓協定は国の立法義務を免除する何の理由にもなりえません。また、前記のように日本政府は日韓協定締結時から、これが外交保護権の放棄を意味するにすぎず、個人の請求権を消滅させるものではないことを十分に認識していたが、その後日韓協定により韓国人被害者個人の賠償請求権も消滅したとの誤った解釈を繰り返し流布し、韓国人被害者に著しい苦痛を与えてきたのです。

このように、国側の主張を明確に批判しました。

3　皇民化教育の呪縛——女子勤労挺身隊原告の被害の深刻さ

控訴審での準備書面で、原告側は女子勤労挺身隊原告らの被害実態を述べたうえで、「帝国日本は、その植民地支配下の公立学校において、朝鮮人児童から朝鮮語も民族名も奪い、その奪われたことの意味も理解することのできない児童を、皇国臣民化における修身学業とともに優秀かつ従順な日本人に仕立て上げ、その従順さに乗じて日本人教師らをして勧誘させ、勤労挺身隊に志願させたのである。これに対して、一審被告国は、進んで挺身隊に入隊するほどに皇国日本に帰依していた朝鮮人児童を欺いた上に、過酷な労働を強いたにもかかわらず、戦後これを打ち捨てた。このような日本国の態度は、全身全霊を挺身してきた者からみれば、背信行為に他ならず、特に挺身隊に入隊するにつき親の意思に背くまでしたものにしてみれば、親から遺棄される以上の孤立無援感に突き落とされることに等しい。

一方、戦後、日本の植民地支配から解放された祖国において、反日感情が渦巻く中、朝鮮人女子勤労挺身隊は皇民化教育の呪縛による日本に対する親近感ないし一体感から逃れられない一方で、解放民族としての反日感情との板挟みに苦しみ、自己の人格の形成に混乱を来たして成人し、老齢にさしかかって今なおその危機から脱し得ない深刻な精神的な被害を被っているのである」と訴えました。

原告たちのＰＴＳＤ

原告たちはよく「心臓がバクバクする」「眠れなくなる」「緊張すると手足が痺れる」「体中が痛い」と言われました。そしてたくさんの薬を常用しておられました。

私たちは一審の口頭弁論で慰安所の絵を見せられて失神した李順徳さんや、不眠症で悩む朴ＳＵさん、狭心症の朴Ｓさんなど、直接的な被害から五〇年以上経っているにもかかわらず継続する精神的・肉体的苦痛について学び、理解を深め、そして、裁判官たちにもそのことを理解してもらわねばならないと考えました。それは一審の一部勝利を維持し確定するためにも必要なことでした。

とりあえず、関釜裁判を支援する会では『心的外傷と回復』（ジュディス・ハーマン、中井久夫訳、みすず書房、一九九六年）の学習会を五回に分けて行ないました。レポーターは学生を中心とする若者たちで、彼らの「心」の問題に対する理解の深さには驚きました。

中国人「慰安婦」裁判や在日の「慰安婦」裁判では原告のＰＴＳＤ診断が行なわれていて、先行するこれらの裁判に学びながらの学習でした。（ＰＴＳＤ＝心的外傷後ストレス障害。トラウマを受けた人が、時間の経過の中でそれによってストレスを感じ、精神的な苦痛を受ける症状が続く状態。）

前記裁判でＰＴＳＤ診断を担当した山形県在住の精神科医・桑山紀彦さんに相談したところ、原告の診断を快諾していただき、二〇〇〇年一月一七日から二一日まで韓国で実施することができました。

診断場所はソウルでは「ナヌムの家」、光州では李順徳さんの自宅で行ない、時間の関係で釜山の方にはソウルに来てもらいました。対象者は元慰安婦の朴頭理さん、李順徳さん、元女子勤労挺身隊の朴Sさん、朴SUさん、梁錦徳さんの計五人でした。診断方法は約一五〇の質問と描画法を使い、問診も含めさまざまなデータを集め、PTSDの有無やその程度を調べるものでした。診断は途中休憩を入れて、一人約四時間という長さでした。ハルモニたちは血圧の薬や鎮静剤を飲んだり、別室で横になったり、泣きながら質問に答えるなどつらい時間であったと思いますがよく耐えていただきました。

結果は一月末に第一報告書として出され、五人全員にPTSDが確認されました。裁判を始めて七年以上の歳月がたち、意見陳述、本人尋問、弁護士との打ち合わせ、支援者との語らいなど、語る場がそれなりにあったと思いますが、それでも五〇年を経てなおPTSDが存在し、抑うつ、不安状態などの著しい苦痛を与え続けていることに私たちは驚きました。

この報告書をもとに準備書面が書かれ、「五〇年を経てもなお、一審原告らに確実にPTSDは存在し、それは一審原告らの心を打ちのめし、抑うつ、不安状態等の著しい苦痛を与え続けており、高齢化がこれに拍車をかけている。これは一審被告が五〇年にわたって一審原告らの被害を放置し、一審原告が心的外傷から回復する機会を奪ったことに起因するものである」と訴えました（関釜裁判を支援する会作成の冊子『あやまれ そして つぐなえ』Ｐａｒｔ５より）。

挺身隊原告の発言に李容洙さん怒る

一九九九年四月二一日、控訴審第二回口頭弁論で原告の朴ＳＵさん、李ＹＯさんが意見陳述しました。韓国の大邱に住む慰安婦被害者の李容洙《イヨンス》さんと金粉先《キムブンソン》さん、お二人の地元の支援者たちが関釜裁判支援のため来日し参加していました。朴ＳＵさんが、裁判の意見陳述で「韓国では挺身隊と慰安婦は同じ意味なので、家族にも誰にもいえないでひっそり悩んで、病気になった」という発言に李容洙さんが激怒されました。夜三五名ぐらい集まった交流集会で、「慰安婦と間違われて恥ずかしいと聞いて、私は気分が悪かった。慰安婦という名は日本政府がつけた名前で、恥ずかしいのは日本政府であって李容洙は恥ずかしくない」と語り、会場は緊張感に包まれました。固唾をのんで皆が見守る中、朴ＳＵさんは顔を紅潮させ唇を真一文字に結び、李容洙さんのところへ歩いてきてビールを注ぎました。後で聞くと「ごめん私が悪かった」という意味だったそうです。それからなんと言ってよいか言葉が見つからなかったそうです。

これまでも慰安婦原告の前で女子勤労挺身隊原告が同じような発言をすることがあり、気にしていたことが李容洙さんの登場で露わになったのです。背景にあるのは、当時の社会の「女性の貞操は命よりも大切」と考えられてきた儒教的な性意識です。たとえ性暴力被害者であっても「純潔を失った」女性と蔑まれ、戦後半世紀にわたり慰安婦被害者は名乗り出られませんでした。そして挺身隊被害者たちへの理解と支援はさらになく、韓国社会で名乗り出ることができず、なかには家族にさえ隠して裁判をするという重圧がかかっていたのです。この誤解が続いたことの真の責任は、戦後女子勤労挺身隊や従軍慰安婦に関する資料の情報公開や真相究明に無関心で、裁判が始まって資料の公開を求めてもなお拒み続けている日本政府と加害企業にこそあります。

挺身隊原告の中には慰安婦原告たちの痛みに思いやり、「慰安婦と間違われるのがいやなのではなく、挺身隊の被害が韓国では全く理解されていないのに腹が立つ」（朴Sさん）と発言する人もいました。

4　控訴審判決に向けての取り組み

二〇〇〇年八月二一日第七回口頭弁論が開かれ、証人として尹貞玉挺身隊問題対策協議会代表、本人尋問で慰安婦原告の朴頭理さん、李順徳さん、女子勤労挺身隊原告の朴Sさん、姜YOさんの四人の本人尋問がありました。裁判所で原告たちが訴える最後の機会です。

尹貞玉先生の証言要旨

「一九七七年に千田夏光の『従軍慰安婦』を読んだことがきっかけで慰安婦調査を始めました。一九九〇年はじめに申告してきた被害者たちは、ビニールハウスやアパートの階段の下などに住んでいる極貧の生活でした。挺対協（韓国挺身隊問題対策協議会）で寄付金を募り一人当たり二五〇万ウオン、三五〇万ウオンの二回の援助をしました。現在は政府や自治体の支援があり、落ち着いています。被害者たちは軍人による暴力で、骨盤を砕かれたり、刀で刺されたり、さまざまな怪我の痕があります。中国に連行された洪江琳《ホンガンニム》さんは、発育不良ということでメスで局部を裂かれ、その後の治療も受けられませんでした。このように被害者たちは人間の尊厳を一方的に傷つけられました。日本政府が今やっている、国民から集めたお金だけを押し付けるやり方（「女性のためのアジア平和国民基金」のこと）は、さらに屈辱を与えることになります。人権の回復のために日本政府の正式な謝罪が重要です。」

東京麻糸工場に連れて行かれた姜ＹＯさん

姜ＹＯさんは、「先生や国にだまされ、裏切られた悔しさは家族以外には誰にも言いたくなかった。地震に遭った時や空襲に襲われたときの夢を見ると飛び起きて、しばらく落ち込んで眠れない。こうした恐怖の体験で心臓をわずらい、道を歩いていても突然倒れ、何度も病院に送られた。今は日本に来て多くの人に話ができるので、さっぱりした気持ちです。私のような被害を韓国の女性が二度と受けないよう、みんなで努力しなければと思います。工場も悪いが、日本政府はもっと悪い。一日も早く、努力の代価、苦労の代価を払ってください」と締めくくられました。

ほかの三人の原告もそれぞれの思いを述べて、「謝罪してください。跪いて私たちに謝ってください。賠償してください」と最後の訴えをしました。

一方私たち市民は高裁判決の一年半ぐらい前から、「公正な判決」を期待する日韓の市民の願いを裁判官たちに届けるための署名に取り組みました。最初の数カ月で梁錦徳さんと李金珠さんが光州市の学校を駆け回って先生や学生たち、さらには市民などから約三万筆の署名を集めて持ってこられたことにとても刺激されました。広島で、福岡で、そしてソウルや大邸でも日韓の市民たちが寒い冬にも街頭に立ち続けました。また市民団体や教職員組合などの協力を得て最終的に一五万八〇〇九筆の熱い思いのこもった署名が集まりました。

また判決の四カ月前には、福山の支援する会が原告たちを模した紙型の人形を作り、それを掲げて広島市民に裁判への関心を呼びかけながら、原爆ドーム前からデモをし、裁判所に到着して「広島高裁は原告たちの願いを受けとめろ！」「一審判決を後退させるな！」とシュプレヒコールで訴え、裁判官たちに宛てた手紙を添えて署名を提出しました。

5　広島高裁判決で敗訴

二〇〇一年三月二九日、ついに判決の日を迎えました。七人の原告が来日し、二五〇人もの傍聴希望者が詰めかけました。遠くは韓国や東京からの支援者の顔もみられ、傍聴者が廊下や裁判所正面にあふれる中で開廷されました。先行する在日韓国人慰安婦・宋神道《ソンシンド》さん、フィリピン人慰安婦の東京高裁判決が既に敗訴し、三日前には慰安婦原告三人を含む韓国遺族会裁判の東京地裁判決が敗訴していました。全国の慰安婦裁判の支援者たちが唯一勝っている関釜裁判に寄せる思いは切実でした。そうした熱い期待と不安に包まれる中で判決が言い渡されました。

「一審判決の原告勝訴部分を取り消す。一審原告の付帯控訴（女子勤労挺身隊の訴え）を棄却する」とつげて、裁判官たちはさっと退席しました。「あっ！」という間の出来事でした。

「一審判決を後退させない。女子勤労挺身隊にも勝訴判決を」と強く願った私たちの思いは無惨にもうち砕かれました。原告たちと支援者たちの怒りは凄まじく、「裁判官出てきなさい。自分の子供が同じことをされたらどうするか！」の梁錦徳さんの第一声に続く、原告たちの抗議が吹き荒れました。原告たちのリーダーであった朴Sさんは、抗議中に緊張による過呼吸で倒れ、救急車で病院に運ばれました。受診を前にしてなお「自分は裁判所に行く。報告集会にも出なくては」と裁判にかける執念に駆られていました。

その後開かれた報告集会での発言です。

山本晴太弁護士「とてもつまらない判決です。あえて取り柄があるとすれば、『補償を可能とする措置が講じられていないことに不満を抱く原告の心情は察するに余ある』としている点、そして『日韓協定により解決済み』とする国の主張を否定し、請求権については『個別具体的に裁判所が判断する』としている点です。（中略）日本の裁判所にいかに解決能力がないかということを世界に知らせる判決でした。

原告らが日本の裁判所を見捨てないと言ってくれるなら上告しようと思います。」

朴頭理さん「私の経験は恥ずかしくて、人に言えないことでした。この裁判のために何回も、何回も聞かれました。何人の軍人と何をしたのですか等、皆の前で何回言ったかわかりません。周りに良い日本人はいっぱいいます。しかし、この裁判で日本人のことが分からなくなりました。裁判長から言い渡されたとき意味が分かりませんでした。花房さんがカバンを投げつけたのを見た時、これで終わりだと思いました。負けたのだと思ったとき、心臓が落ちたような気持ちになって真っ暗になって何も見えませんでした。……死ぬまでやり続けます。」

朴Sさん「私たちは日本政府を見て生きてきたのでなく、私の命をさだめに生きてきました。子供の時に連れて行かれて、働かされて身体が痛かったのですが、結婚するときに傷になりました。連れて行って、お金をくれない。ほかの国の子供を連れてきたことを何十年も反省していない。今日は理由もなく棄却したのですが、私たちには支援してくれる人がたくさんいます。社会では活躍されているだろうに、私たちになにか感じるところがあるから支援してくれていると思います。

七〇歳過ぎて裁判所に来るのは大変です。ここに来たら皆様にお世話になり申し訳ないと思います。八年間も私たちを支えてくださった皆様、弁護士さんたち（中略）当然にやらなくてはならなかった日本の政府が目を閉じて解決しないことは、韓国人を無視したことだと思います。どこの国の企業も、働かせたら給金を支払うのが当然です。支払わないのは泥棒です。判決の理由も述べず私たちを無視しています。」

と抗議の声が続きました。

この時のようすも含めて、支援する会は次のような抗議の声明文を発表しました。

〈声明文〉

三月二九日午後二時から開かれた関釜裁判広島控訴審判決で、川波裁判長は「一審被告（国側）の本件控訴に基づき、原判決主文第一項を取り消す」として、一審下関判決の「立法不作為」に基づく元「慰安婦」原告三人の一部勝訴を取り消した。さらに七人の女子勤労挺身隊原告らの請求もことごとく棄却した。一分にも満たない判決主文の朗読と退廷であった。

取り残された原告たちは、弁護士の説明で全面敗訴を知らされ、「心臓が落ちた」ような衝撃に突き落とされた（朴頭理さん）。裁判官なき法廷に、原告たちは無念の怒りの声を絞り出した。「裁判長出てきて説明しなさい」「天皇陛下の為に一生懸命働いたのに、どうしてですか」と叫び続ける原告、顔を歪ませ、歯を食いしばって無言で耐える原告、やがて勤労挺身隊時代のＰＴＳＤを抱える原告が次々に倒れていく。無念と怒りとそして申し訳なさに涙しながら原告たちを見守り続ける傍聴者たち、やがて外に待機していた支援者たちが殺到し、原告を包み込んで抗議のシュプレヒコールが裁判所を揺るがした。

それにしてもなんとお粗末な判決文であることか。一審判決を貫いていた、深刻な被害と長きにわたる孤独に耐え続けてきた「慰安婦」原告への深い共感が見事に欠落している。憲法の守り手として、苦悩と誇りに満ちた一審判決の香りも完全に消え失せている。

八五年最高裁判決をおうむ返しに踏襲し、「議会制民主主義の下では、国会議員の立法不作為は法的規制になじまない。例外は、だれが見ても憲法の文言に反している法律を作るような容易に想定しがたい場合のみ」として形式的三権分立論に逃げ込み、実質的には行政におもねる判決を下した。しかし、下関判決が記す、「多数決原理の議会制民主主義が多数者による少数者への暴政をもたらした事への深い反省から日本国憲法は基本的人権の尊重を根源的価値とし、その実現のため裁

写真５　広島高裁の不当判決に抗議する原告と支援者たち
（2001 年３月 29 日、於・広島高等裁判所前）

判所に法令審査権を与えた」として、戦前・戦後を貫く国会の民族差別を厳しく糾弾したことになに一つ応えていない。卑劣にも沈黙したままである。判決文は「人権の砦」としての司法府がその中枢において自死を遂げ、小官僚主義が跋扈する惨憺たる現状であることを国内外に示した。その裁判官をしてなお、国側の「日韓条約解決済み」論は採用することができない程非常識なものであることを確認したに過ぎない。

四月一二日、原告たちは最高裁に上告した。「死んでも裁判を続ける」と決意した原告たちの意地に、八年余の歳月に仲間を失い敗訴を告げられてなお一層高まる怒りを感じる。

「下関判決の精神を生かし、その限界を乗り越える」ことを目標に三年間の控訴審に取り組んできたわたしたちは、予想すらできなかった最低の判決に怒りと深い喪失感に捕らわれる。しかし、立法府に賠償立法を命じた下関判決は死んだのであろうか？「否」である。

下関判決を真摯に受け止めた国会議員たちによって、「国立国会図書館法の一部改正法案」（真相究明法案）と「戦時性的被害者問題解決促進法案」が議員立法として上程されている。

下関判決を生かすも殺すも、わたしたち支援者と国会議員の立法運動の成否にかかっている。わたしたちは今後、立法運動に全力を投入する覚悟である。そして女子勤労挺身隊問題の解決の為に、企業闘争と強制労働補償法案の作成も急がねばならない。原告たちが上告を決意し、わたしたちに和解の手を差し伸べ続けていることに何としても応えねばならない。

関釜裁判を支える広島連絡会　関釜裁判を支える福山連絡会
関釜裁判を支える県北連絡会　戦後責任を問う・関釜裁判を支援する会

最高裁判所は書類審査だけで、最高裁判例に従った広島高裁判決を覆す判決が出るとはとても思えず、口頭弁論を軸に被害者と弁護士、支援者が裁判所に会して共に闘う裁判闘争は実質的に終了しました。

後は「慰安婦」被害者たちには立法運動で、女子勤労挺身隊被害者たちには企業を相手にした「未払い賃金支払い」を軸にした謝罪と賠償を求める富山での第二次不二越裁判に参加していくことになりました。

6　最高裁に上告そして棄却

二〇〇〇年五月にお亡くなりになった河順女さんの遺族を含めて原告全員が最高裁判所に提訴してから二年後の二〇〇三年三月二五日、最高裁判所から棄却決定の通知が弁護士に届けられました。最高裁判所の判例に恭順を示して「下関判決」を葬り去った広島高等裁判所の判決を当の最高裁判所が覆すことはないと覚悟していました。しかし、敗訴の報を原告たちに伝えるのはとてもつらいことでした。韓国の支援者を通して朴頭理さんに伝えると「日本は悪い、日本は悪い」と怒って荒れたそうです。女子勤労挺身隊の原告たちには直接電話連絡すると「日本は悪い……とても悔しいです」と絞り出すような声が繰り返されました。一審、二審の時のように原告たちと共に判決に立ち会い、怒りや落胆を共有する場を持てない最高裁決定でした。

十年余を費やした関釜裁判は私たちに慰安婦問題の立法解決を促す下関判決と、原告たちとの深い絆をもたらしましたが、原告たちが求めた謝罪と賠償という解決を何一つ得ることはできませんでした。

同年六月一四日、裁判の最終結果を原告に告げる旅を企画しました。天安《チョナン》近くの温陽《オニャン》温泉で原告たちとの旅です。日本からは福岡、広島、福山の支援する会のメンバー一五人が訪問しました。原告たちは亡くなった河順女さん、病気で動けない鄭Sさん、体調を崩されている朴頭理さんをのぞいて七人の原告と李金珠光州遺族会会長さんが参加されました。

原告たちに最高裁の上告棄却の報告をし、勝てなかったことを謝罪し、立法運動や対企業裁判で頑張ることを告げました。原告たちは改めて打ちのめされたり、支援への感謝を述べておられました。そして温泉に入り食事をしカラオケ大会でうさをはらし、盛り上がった旅になりました。

第三章　勤労挺身隊裁判——第二次不二越訴訟

1　和解した第一次不二越訴訟

関釜裁判を含めて女子勤労挺身隊が原告となった日本での裁判は全部で五件あります。最初は一九九二年九月に第一次不二越訴訟で原告二名が企業を、九七年四月に東京麻糸沼津工場で働かされた二名が日本国を、九九年三月に三菱重工名古屋飛行機工場で働かされた六名が国と三菱重工を訴えました。そして不二越で働かされた二三名が二〇〇三年四月第二次訴訟で国と不二越を訴えました。

これら五件の裁判は、第一次不二越訴訟のみが最高裁判所で和解し、あとはすべて敗訴しました。

第一次不二越訴訟

一九九二年九月三〇日、富山地裁に不二越で働かされた女子勤労挺身隊二人、徴用工一人が提訴しました。一審、二審では時効（出来事から五年以上経過したら、法律的な訴えができなくなる）で敗訴しました。原告たちを率いたのは、江原道太平洋戦争犠牲者遺族会の金景錫《キムギョンソク》会長でした。彼は一九四二年日本鋼管に強制連行され、ストライキ指導者として拷問に遭い、生涯右肩関節に障害を負ったことへの損害賠償を求めて一九九一年に東京地裁に提訴しました。弁護士を付けない本人訴訟で始めましたが、東京の市民、学者、弁護士、労組などによる支援の輪が広がっていき、東京高裁において四一〇万円で和解した闘将でした。

第一次不二越訴訟の和解の背景は、一九九九年に米国カリフォルニア州議会にヘイデン議員が提案した法律（ヘイデン法）が成立し、カリフォルニア州でドイツ、日本の強制労働被害者への時効を撤廃し、二〇一〇年までに提訴することが可能となったことがあります。

二〇〇〇年三月一三日に金景錫さんが来日し、米国カリフォルニア州裁判所に提訴の意向を記者会見で発表しました。アメリカの民事訴訟では、一度下された判決が同種の裁判を拘束するか、あるいは、個人の原告が同様の訴訟を起こすグループ全体を代表するクラスアクションがあり、この裁判を起こされた企業側が負けたら戦中の強制労働被害者である女子勤労挺身隊、徴用工全員への賠償を担わされる可能性があります。危機感をもった不二越は和解交渉に応じ、七月一一日最高裁で和解しました。

和解の内容は、原告三人に加えて、アメリカ提訴に加わる予定の四人を加えた計七人の被害者と金景錫さんに、合計三〇〇〇～四〇〇〇万円の解決金を払う。戦時中の労働に感謝するため会社構内に記念碑を設立する等でした。富山市民も裁判を支援する会を立ち上げ、株主総会での訴え、工場正門前での抗議行動、ハンストなどで強力に裁判闘争を支えてきました。

第一次不二越裁判で勝利したため、新たに女子勤労挺身隊被害者たちが春川遺族会に申告し、第二次不二越訴訟の準備がなされていました。この裁判に関釜裁判の女子勤労挺身隊原告三人と、新たに李金珠光州遺族会会長さんから支援を託された金正珠《キムジョンジュ》さんら三人、計六人が合流する予定になっていました。

ヘイデン法

ヘイデン法を根拠にして、ドイツのシーメンスやフォルクスワーゲンなどの企業へのユダヤ系団体からの提訴に続き、元米兵捕虜たちが三井鉱山など日系企業を次々に提訴していきました。ヘイデン法と同趣旨の法案が各州でも可決され、提訴は全米に広がりを見せ原告集団は数十万人に上りました。日本での対企業裁判に負けた被害者たちも提訴しました。こうした事態に驚いた柳井俊二駐米日本大使は「サンフランシスコ平和条約一四条・一九条で解決済みで集団訴訟の法的根拠がない」と主張しました。

二〇〇〇年九月と一二月のサンフランシスコ連邦地方裁判所は元米兵や連合国兵士らの訴えを

「サンフランシスコ平和条約により決着済みとして」として棄却しました。この判決後の一一月一〇日、前述しました関釜裁判控訴審の第九回口頭弁論で国側は「日韓条約および日韓協定で解決済み」の法的主張をしてきました。そして、この後の戦後補償裁判に「日韓条約ならびに同協定により法的に解決済み」論が立ちはだかることになります。

米司法省代理人は「カリフォルニア州法それ自体が合衆国憲法に違反し、アメリカと日本、韓国、中国、フィリピンの国際関係を破壊するもの」と述べました。クリントン政権の政府意見書は「サンフランシスコ平和条約は中国や韓国との賠償問題については二国間条約で解決するように求め、日本はそれを果たした」、「こうした各条約の枠組みが崩れた場合、日本と米国および他国との関係に重大な結果をもたらす」と明記しました。

二〇〇三年一月二一日、サンフランシスコ連邦高裁は「アメリカ合衆国憲法は外交権を連邦政府にのみ与えており、ヘイデン法は憲法違反」として日本企業への集団訴訟二八件をすべて却下しました。二〇〇六年二月二一日にはアメリカ合衆国最高裁判所が却下の最終判断を下しました。

アメリカ政府がこのヘイデン法を、アメリカ主導の戦後東アジア体制＝サンフランシスコ条約体制を脅かすものとして廃棄を求めたのです。戦後、世界の憲兵としてどの国よりも多くの戦争を行なってきた米国にとって、国と国との条約を超えた被害者個人の賠償請求権を認めることは、とてもできる相談ではなかったのです。

これ以降日本政府は、これまでの「サンフランシスコ平和条約、その後の各国との二国間条約で個人請求権は消滅していない」としてきた説明をかなぐり捨て、「日韓条約、日中共同声明で個人の請求権も法的に消滅した」と戦後補償裁判で主張するようになり、裁判所も追随していったのです。二〇一八年の韓国大法院での徴用工裁判での原告勝訴に対して、「国際法の常識に反している」と安倍首相（当時）が噛み付いたのも、「アメリカの判断が国際法」という驚くべきアメリカ追随根性がいわしめたものと思われます。

2　無念の敗訴に終わった第二次不二越訴訟

不二越糾弾闘争と第二次訴訟提訴

不二越第二次訴訟は関釜裁判広島高裁判決の二年後の二〇〇三年四月一日、二三名の原告が提訴しました。その間の二年間は原告となる被害者たちが不二越の東京本社ビルや富山の工場に面会を求めて「第一次裁判原告の和解と同等の対応をするように」申し入れ行動をしました。

二〇〇一年一〇月二八日に韓国から朴Sさん、金正珠さんら六人が金景錫さんと共に来日し、私も同行し東京浜松町にある本社に行き、交渉を求めましたが、「この問題は富山の方で扱う。わたしたちは何も聞いていない」と繰り返すだけで、お茶も椅子も出すことを拒む無情な対応でした。翌日、不二越富山事業所に未払い賃金の支払いを求める交渉を求めましたが、正面玄関は鉄柵が固く閉められ、その背後に十数人の屈強な守衛たちが無表情に立ち並び、警備責任者が「昨年の最高裁和解ですべて解決済みだ」と言い放ちました。「昨年の和解は七人だけで、それ以外に四六人が韓国で名乗りでている。まだ解決していない」と言って、中に入ろうとしても、扉を開けようとしません。気性の激しいハルモニたちは丈一・五メートルぐらいの鉄柵をよじ上り、構内に突入しようとしましたが、守衛に羽交い締めにされました。その隙に一人二人と次々に突入していきました。「私たちはあなたたちの先輩だ。あなたたちも会社から給料をもらっている。わたしたちが給料を払ってほしいと会いに来たのになぜ邪魔をするのか」とガードマンたちと激しくもみ合う。そのうち門の外で声を振り絞って抗議していた朴Sさんは過呼吸に陥り、顔面蒼白になり倒れ込みました。救急車を呼び病院に連れて行こうとすると、鉄柵にしがみつき「悔しい、ここで死ぬ。ここで死ぬ」と叫びながらやがて気を失いました。そして次々と力つきて倒れた被害者たちを救急車で病院に運びました。攻防一時間余、力尽きて座り込むハルモニに「もうやめよう。これ以上傷ついてほしくない。外に出て記者たちに訴えよう」と説得すると、金正珠さんが悔し涙を流しながらうなずきました。

不二越はヘイデン法に基づく裁判がサンフランシスコ連邦地裁で敗訴したことで、態度を急変し、和解への扉を閉ざしてしまったのです。

取材していた記者たちに向かってハルモニたちは次々に訴えました。「わたしたちは五六年ぶりに、不二越にきた。懐かしさと希望と、そして不安を抱いて韓国から富山にやってきた。未払い賃金を払ってほしい、と社長に会って話したかった。社長が忙しいなら秘書にでも会ってほしかった。わたしたちの希望は粉々に打ち砕かれた。平和的に話せるなら、こんな騒ぎは起こしたくなかった。なぜ不二越は幼かった少女の働いた金を返さないのか」と。

記者会見の途中で金正珠さんが気分が悪くなり、倒れ込み救急車で運ばれました。

写真６　不二越本社の閉められた正門前で元従業員であることを示す書類を見せ抗議する柳賛伊さん（2002 年 7 月 8 日）

ハルモニたちは一週間にわたる船と電車の旅を経て、関釜フェリーで帰っていかれました。不二越の対応に心身ともに傷つかれたことでしょう。それにしてもすばらしい方々でした。手作りのキムチをリュック一杯に持って来て、朝五時に起きて自炊しながらの旅をこなし、東京、富山で果敢に闘い、しゃべり、歌いながらのバイタリティー溢れる魅力的な老女たちでした。「未払い賃金を返せ」という慎ましい要求の中に、彼女たちが戦前に味わった裏切りと、戦後の屈辱に満ちた人生の中で奪われた誇りを取り戻さんとした万感の思いが込められていたような行動でした。

この後、不二越企業の地元・富山市で市民による第二次不二越強制連行・強制労働訴訟を支援する北陸連絡会が結成され、被害者たちと共に不二越糾弾闘争を重ねていきました。一方、二十数名の大弁護団が結成され、ていねいで精力的な聞き取り調査が進んで、二〇〇三年四月一日不二越と国を富山地裁に提訴しました。

国側は「日韓請求権協定で法的に解決済み」を掲げてきて、困難な闘いが始まりました。

女子勤労挺身隊たちの被害実態

以下は第二次不二越訴訟の訴状を参照して女子勤労挺身隊たちの被害実態をまとめたものです。

〈募集〉

被告不二越への強制連行は、朝鮮総督府のもとで、①学校を通しての募集、②面（郡または市の下に置かれる行政区分）事務所などの行政を通しての募集によって行なわれました。不二越の一〇九〇人の女子勤労挺身隊は主として学校を通して募集されました。

皇民化教育により、「日本国のために・天皇のために生き・死ぬことが最高の名誉である」と洗脳したうえで、女子勤労挺身隊の募集に際しては、原告らが知識と判断能力の乏しい少女であることにつけ込んだ甘言や、家族に対する威圧の方法が用いられました。

朝鮮人女子勤労挺身隊員たちは、連行の当時ほとんどの者が一三歳から一五歳という年若い少女でした。

原告らに対する勧誘は、学校を舞台に、学校長の強力な指示に基づき、原告らが信頼し尊敬していた日本人教師によって行なわれ、「愛国するために」と強く勧められ、「日本へ行けば女学校にいける」「お花が習える」「タイプライターが打てるようになる」「お金が稼げる」などの甘言で誘われました。

当時朝鮮で教師をしていた池田正枝さんは、勤務先の芳山国民学校の校長から次のように言われて少女たちを勤労挺身隊に勧誘するよう指示されたと述べています。

「まず、米どころである富山でおなかいっぱいご飯が食べられること、いまの空腹、ひもじさがなくなるのだということ。二番目は女学校の勉強をさせてあげられるということ。富山に行けばあこがれの女学校にいけるのだという約束です。三番目には大きな病院が二つ富山にあり、病にかかったとしても安心できる。異郷にいても安心できるというのです。四番目は映画館があり、毎週映画が見られ、楽しく暮らせるということです」（池田正枝『二つのウリナラ（わが祖国）――21世紀の子どもたちへ』解放出版社、一九九九年）。

実際には、被告不二越には、一〇九〇名もの少女たちにお花やタイプライターを教えるような施設も計画もなく、少女たちを通わせる「上級学校」もありませんでした。原告らは、事実と異なる説明を日本人教師らから受け、それを信じて募集に応じたのであり、まさに甘言による強制連行でした。

〈父母の意思を無視〉

原告たちの両親は、余りに年若い子供たちの遠い日本への動員に怒り、担任の日本人教師や校長に直談判するなどして中止を求めましたが、学校ごとに定員が決まっているので一旦応募した以上取り消せない、断われば不利益を被る、などと威圧され、従わざるを得ませんでした。両親の了解を得られず、親の目を盗んで書類に必要な印鑑を持ち出して日本人教師に渡した者もいました。

家族は出発の当日まで反対したようです。結集場所には家族が多数集まり、泣き叫び、ごった返したということです。当局は家族が出発駅で見送ることを禁止して、家に追い返しました。

〈自由を奪われた奴隷状態〉

原告らは、富山に到着すると、直ちに、行進、整列などの軍隊式の訓練を強制されました。

また、朝は、逃亡を確認するための点呼から始まり、寮から工場までの往復は、列をなして、「ピッ、ピッ、ピッ」という笛に合わせて行進させられました。

当時の被告不二越生産部生産第二課長の高橋八蔵は、「陸海空の軍人が三〇名くらい常駐していた。各工場に国民服を着て散らばって監視した」と、軍人が被告不二越に常駐し、監視していたことを証言しています（第一次不二越訴訟乙四五号証に記載）。不二越は、軍隊の監視下におかれた軍需工場であり、原告たちは軍隊の監視下で強制的に仕事をさせられていたのです。

原告らの生活の場である寮においては、朝夕の点呼があり、寮の出入り口には監視人がおり、原告らの外出は、病気の時に病院に行くこと以外は認められませんでした。

また、寮の周りには塀垣があり、地面と塀垣のすき間にも鉄条網が張られ、コンクリートの塀で囲まれた寮では、原告らは一人あたり畳一枚弱の生活を強制されました。無断で外出すれば殴られるなどの罰を受けました。

しかし、それでも原告ら被害者は、あまりの苦しさに耐えかねて友達と逃亡しましたが、警察に捕まり連れ戻されました。慰安婦の被害者として知られる姜徳景《カンドクキョン》さんは、一度目の逃亡の際は発見されて連れ戻され、二度目の逃亡では憲兵に捕まり、そのまま慰安婦にさせられました。

〈空腹の苦しみ〉

原告らの食事は、おおむね、朝食は麦飯軽く一椀、たくわん二切れ、みそ汁一杯、昼食は三角パン二〜三枚、夜もおかずは一品で、魚や肉など出たことがありません。朝食が少ないために、朝受け取った昼食用のパンをその場で食べてしまうこともあり、そうすると昼食時間には水だけを飲んで過ごしました。

原告らのほとんどが一三歳から一五歳という育ち盛り・食べ盛りの少女たちであり、仕事の厳しさよりも、このひもじさが最も苦しく、やせ細ってゆきました。朴Sさんは栄養失調になり肺病にかかりつらい人生を余儀なくされました。

〈過酷な労働〉

原告らの勤務時間は、原則として、昼夜二交代制で、昼勤は八時から夕方六時まで、夜勤の場合は午後八時から朝六時まで、赤番、青番という二つのグループに分けられて、一週間おきに昼勤と夜勤を交代しました（一二〜三歳のより若い女の子たちは昼勤のみ）。

子どもたちにとっては、このような勤務形態そのものが非常に過酷でしたが、そのうえ、寮から工場までは徒歩で往復しなければならなかったし、夜間には空襲警報のサイレンが鳴り響くなか逃げまどい、睡眠時間を十分にとることもできず、恐怖の中で母親をしのんで泣きながら耐えてきました。

仕事の内容も非常に過酷でした。旋盤で削る仕事、ミーリングで鉄を切る仕事、ベアリングの研磨など、それまで大人の男性らがしていた重労働を、体が小さな少女たちが代わってやることになり、背が低いために、皆一様に足下に台を置いて機械に向かい作業をしました。ノルマを課され、仕事が遅ければ叱責を受けるため、あるいは上司からの命令に非常に素直であったために、原告らはひたすら一生懸命課された仕事をこなしました。

仕事の内容、労働時間のいずれをとっても、一三歳から一五歳の少女に課すにはあまりにも苛烈なものでした。

〈労働災害、病気〉

このような労働環境の下では、けがや病気も絶えませんでした。朴ＳＵさんは精神安定剤が欠かせず、不眠症になり生涯苦しみました。これらの事実は強制連行・強制労働・監禁によって原告ら被害者の精神がずたずたにされていたことを物語っています。

また、原告らはその年齢に不適当な、過酷な重労働をさせられており、鉄などを扱うという仕事の性質上、機械に手や指が挟まれるなどの怪我が絶えることがありませんでした。証言にもあったように、どの原告も手や足に傷跡が残っています。しかも怪我をしても治癒まで仕事を休ませてもらえるようなことはなく、清掃などの仕事をさせられました。

第二次不二越訴訟の原告の話では、腸チフスやジフテリアなどにかかった者も多く、死亡した者もいたそうです。原告らの労働環境がいかに劣悪なものであったかを如実に物語っています。

〈帰国〉

原告らの一部は、一九九四年七月、被告不二越の沙里院《サリウォン》工場建設に伴い、日本から朝鮮に連行されましたが、沙里院工場に機械を運ぶ輸送船が連合国軍によって撃沈された影響で工場の操業開始が遅れたため、一カ月後に出勤するよう指示された上で帰宅が許され、そのまま終戦を迎えました。輸送船の撃沈に示されるように、当時は日本近海の制海権も連合国軍に握られており、朝鮮渡航自体が命がけでした。しかし被告不二越は、原告らの命よりも被告国からの沙里院工場建設の命令を優先し、あえて連行を強行しました。

沙里院に派遣された原告らに対しては、終戦後は被告不二越から連絡はなく、退職の手続きすらとられておらず、何らの賃金も支払われず、ボロボロの物乞いのような姿で帰宅させられました。

このように、国や企業に騙されて、飢えと過酷な労働に責めさいなまされながら、なお原告らは「愛国のために」命がけで頑張りぬきました。その見返りが、ねぎらいの言葉もなく、働いた給料さえもらえず、もっていった小遣いは預けたまま没収され、裁判で「奴隷労働だった」と誰しもが言わざるを得なかったのです。

原告らがおかれた状況は、当時の日本人の少年少女がおかれた状況よりも、はるかに過酷なものであり、低年齢の少女らを騙して家族から引き離し、最も危険な軍需工場で重労働に従事させるという扱いは、日本人の少年少女に対しては戦時下においても考えられないものでした。

〈「慰安婦」とみなされた戦後〉

挺身隊原告たちの戦後も厳しいものでした。過酷な労働の後遺症で苦しみ、年頃になっても結婚できなかった人、空襲警報に脅かされ逃げ惑った恐怖がPTSD（心的外傷後ストレス障害）となり生涯不眠症で入退院を繰り返した原告もいました。戦前日本で働いた人は日帝協力者とみなされ、勤労挺身隊として働いたことを知られないように生きてきました。また、韓国社会では挺身隊＝慰安婦と誤解されてきたため、挺身隊に行ったことをひた隠しにして生きてこざるをえませんでした。中には嫁ぎ先に知られて、夫から「汚い女だったのを隠していた」として暴力を振るわれたり、離縁されたり、外に愛人を作られたりしました。子供からさえ蔑まれるという過酷な人生を耐えてきた人もいます。

二〇〇三年から始まった第二次不二越訴訟の原告である金正珠さんは、一九四五年三月国民学校六年生の時に不二越に動員され、朴Sさんと同じようなつらい目に会い、一〇月に給料ももらえず帰されました。姉も同じように騙されて名古屋の三菱飛行機工場に動員されました。

その後、警察官だった男性と結婚し幸せな生活を送っていましたが、戦時中に日本に行っていたことを知った夫が「挺身隊として行った汚い女だ」と言って、暴力をふるうようになり、離婚され一人で子供を育ててきました。「戦後は慰安婦とみなされるのではないかとおびえ、表通りを歩くことができず、小さな裏通りをずっと歩いてきた」と大きな恨を抱えながら裁判に参加してきました。

慰安婦だったと誤解されたもう一つの理由――事実ではなかった証言

女子勤労挺身隊の被害者が慰安婦と混同されるもう一つの理由は、韓国の挺対協と挺身隊問題研究所が一九九三年から発行を始めた『証言　強制連行された朝鮮人軍慰安婦たち』のシリーズの中に、不二越に動員された女子勤労挺身隊の少女たちがその後慰安婦にされたという四人の証言があるからです。

『証言　強制連行された朝鮮人軍慰安婦たち』（韓国挺身隊問題対策協議会・挺身隊研究会編、一九九三年、明石書店）には姜徳景さんの証言があります。前述したように彼女は不二越での生活があまりにつらくて会社を逃げ出し、最初は警察に捕まり不二越に戻されます。二度目の逃亡の際に憲兵につかまり、松代大本営の工事現場に建てられた慰安所に連行され慰安婦にされました。

証言2集（未邦訳）には仮名のキム・ウジンさんと朴スニさんの証言があります。

キム・ウジンさんは、大筋「一九四四年三~四月ごろ国民学校の六年生で一二歳の時、挺身隊として動員され下関についた。日本軍のトラックに乗せられて軍人に監視されながら不二越まで行った。当時空襲で汽車は走っていなかった。不二越の工場について三カ月が過ぎたころから富山市へ

の空襲が始まり、工場が爆撃で破壊されたくさんの人が死んだ。もはや作業ができなくなり、三〇～四〇人がトラックに載せられ青森県の慰安所に送られた。一年後には神戸を経て静岡の慰安所に送られ敗戦を迎えた」（韓国挺身隊問題対策協議会・韓国挺身隊研究所編『강제로 끌려간 조선인 군위안부들 二』한울、一九九七年）というものです。

富山市が大空襲に襲われるのは敗戦直前の一九四五年八月三日で、不二越工場は爆撃を免れていて破壊されていません。もちろん死者もいません。また汽車は当時も動いていて、三〇人以上の不二越の女子勤労挺身隊被害者の証言を聞いていますが、軍人のトラックで運ばれた例はありません。

もう一人の朴スニ（仮名）さんの場合は、大筋「一九四四年九月、一四歳の時、担任の先生の勧めで挺身隊に行った。下関についたら軍用トラックに載せられ夕がた富山に着いて、寄宿舎に入れられ、半月ぐらい訓練を受けた。そこは慰安所であった。慰安婦にさせられ、その後広島、九州の島の慰安所を転々とさせられた後、解放になり帰国できた」と書かれていますが、細部になるとあいまいな証言になっています。聞き取りをした研究者は注で「敗戦当時富山県には歩兵五一四連隊が駐屯していた」と証言を裏づけています。しかし歩兵五一四連隊は敗戦まぢかの本土決戦に備えて一九四五年四月に結成された部隊で、朴スニさんが富山に着いた一九四四年九月ごろは存在していません。また高速道路もない当時、下関から富山に夕方までに着いたというのも考えにくいことです。

他に証言3集（未邦訳）には、もう一人不二越から慰安婦にされた証言があります。要約すると、「チンジュから三〇名の挺身隊が不二越に行き、山中の寄宿舎に入れられ訓練を受けて、不二越で働いた。翌一九四五年に軍属の人が私たち三〇人を連れて舞鶴港から船でインドネシア東部のハルマヘラ島に連れていき慰安婦にした」（韓国挺身隊問題対策協議会・韓国挺身隊研究所編『강제로 끌려간 조선인 군위안부들 三』한울、一九九九年）という内容です。不二越は富山平野の真ん中にあり、山から離れています。山中から不二越に歩いて通うのは距離がありすぎて大変です。不二越の敷地内に愛国寮という大きな寄宿舎があり、翌年に五〇〇人ぐらい新たに朝鮮から女子勤労挺身隊が入寮するぐらい余裕もありました。遠く離れた山中に収容されたとは不思議なことです。

また一九四五年には南太平洋の制海権は完全に米軍支配下にあり、物資さえ運べない状態でした。インドネシア東部は一九四三年ごろから米軍の空襲が始まり、日本人や朝鮮人慰安婦は四四年には送り返され、代わって現地の女性が慰安婦にされていた頃です（禾晴道『海軍特別警察隊――アンボン島BC級戦犯の手記』〔大平出版社、一九七五年〕や、福岡の被差別部落の元兵士の証言「関釜裁判ニュース」四四、四五号に詳しい）。そのようなときにインドネシア東部に慰安婦を送ることはなかったと思います。

すでに不二越の女子勤労挺身隊裁判を支援する人たちの中で、「これらの証言はフィクションだ」と噂になっていました。しかし慰安婦と間違われて生活が破綻していた元女子勤労挺身隊被害者が、被害を名乗り出ても韓国政府の支援対象にならない苦しい生活状況で、慰安婦被害者として名乗り出て韓国政府の生活支援を受けようと虚偽の証言をしても誰がとがめられるでしょうか。「そっとして、黙っていよう」というのが私たちの思いでした。今はこの三人はすでにお亡くなりになっていると聞きました（女子勤労挺身隊と慰安婦問題の違いに関する研究はデジタル記念館「慰安婦問題とアジア女性基金」所収の高崎宗司さんの論文「『半島女子勤労挺身隊』について」がよく整理されています。この中に出てくる慰安婦にされた二人の証言者に関してはこの文章に触れたとおりです）。

植民地支配下の朝鮮で、軍の要請を受けて慰安婦の募集にあたっていた業者が「挺身隊への募集」と偽って誘拐した例があるかもしれません。

しかし女子勤労挺身隊は朝鮮総督府が国民学校の校長を通して、または地方の行政組織を通した官による募集であり、両者は別のものでした。戦前の日本政府による植民地支配下での女子挺身隊募集の秘密主義と、戦後の情報の不開示による実態の不解明が、朝鮮社会で不安と恐れと憶測となって挺身隊と慰安婦の混同をもたらしたのです。女子勤労挺身隊時代の後遺症を引きずりながら、慰安婦とみなされる新たな重荷を背負って原告たちは韓国社会で生きてきたのです。

「日韓協定解決済み論」の壁――無念の敗訴

こうした苦難の人生の恨を晴らすために、挺対協や遺族会、国からの「挺身隊」被害者への呼びかけに応えて名乗り出たのですが、女子勤労挺身隊被害者は韓国政府による生活支援の対象になりませんでした。

九二年ごろからやむを得ず彼女らは、富山、下関、名古屋、静岡の裁判所に提訴して、国や企業に対して謝罪と賠償を訴えてきました。

朴S、朴SU、柳賛伊、金正珠、羅F、成Sさんらが意見陳述や本人尋問等のため来日するときは、福岡、広島経由で各支援する会との交流会をへて、一緒に富山に往き、裁判で主張し、不二越工場への抗議行動、株主総会に出席して会社の不正義を暴き、謝罪と賠償を求める等の取り組みをしてきました。そして、二〇〇七年九月一九日判決を迎えました。この日来日できたのは二三名のうち六名で、多くは寄る年波で体調が悪くて来日できませんでした。

判決の内容は「原告側の訴えは、サンフランシスコ平和条約、日韓請求権協定により原告たちに裁判を起こす権能が失われている。すなわちサンフランシスコ平和条約は日本国と連合国四八カ国との戦闘状態を終了させ、将来に向けて揺るぎない友好関係を築くために双方の国と国民の請求権を放棄した。すなわち平和条約の目的達成の妨げになる被害者の民事裁判による権利の行使を封じたのである。日韓条約もこの枠組みの中でなされ、請求権を実体的に消滅させたことまで意味するものではないが、裁判上訴求する権能を失っている」として棄却されました。

一方で、事実認定では「本件勤労挺身隊らは、勧誘者からの偽罔または脅迫により、勤労挺身隊に参加したことは認められ、強制連行されたというべきである」、「本件工場における労働は同人らの年齢に比して過酷なものであり、これに対して賃金が払われることもなかったこと、寮における生活についても、戦時中とはいえ、十分な食事が与えられることもなく、衛生環境も良好であったとはいえず、外出は制限され、手紙も検閲されていた……これは強制労働であったというべきである」と、国と不二越の不法行為を認定しました。

実体的な請求権があること、国と企業の不法行為を認定しながら、「裁けない」という裁判所の存在意義すら疑わせるような判決に、原告たちの怒りは炸裂しました。記者会見後、原告支援者は一体となり、不二越工場になだれ込み警備員の阻止を突破し、会社本部を目指して押し合い圧し合いしながらじりじりと迫っていきました。すでに日も暮れ、照明が次々消えていく中、警備担当者が「警察を呼ぶ」と叫ぶと、原告たちは「ここにいる月給泥棒を捕まえさせろ」と黙っていません。こう着状態のまま警察も割って入り、夜に予定していた集会も迫り、退くことにしました。

「日韓協定解決済み論」の壁は厚く、その後の金沢高裁判決（二〇一〇年三月八日）、最高裁判決（二〇一一年一〇月二四日）でも敗訴が続きました。

3　韓国での徴用工裁判勝訴

一方、二〇一二年五月二四日、ソウル大法院で三菱徴用工訴訟の原告勝訴の画期的な判決が出されました。不二越訴訟の原告たちも、二〇一三年二月一四日韓国のソウル地方院に提訴し、翌年二〇一四年一〇月三〇日ついに勝訴しました。日本での提訴以来二二年がすでに経過していました。そして二〇一九年一月一八日ソウル高等法院で勝訴し、三月二六日不二越の韓国内資産を差し押さえ、五月一日韓国内資産の売却命令を申請しました。原告のうち朴Sさん、成Sさん、柳賛伊さん、朴SUさんは無念のうちにすでに亡くなり、傷つき涙した闘いのあげくようやく正義がかなえられようとしています。この間の裁判闘争や対不二越闘争を、地元富山の「不二越強制連行・強制労働訴訟を支援する北陸連絡会」の市民たちが献身的に支えてきました。

二〇〇九年に光州市で結成された「勤労挺身隊ハルモニと共にする市民の会」も、原告たちの支援に立ち上がり、来日して北陸連絡会の市民と共に第二次不二越裁判を支援し、企業への弾劾要求闘争を行なってきました。

二〇一二年三月に、同市民の会の働きかけで「光州市日帝強占領期女子勤労挺身隊被害者支援条例」が議決され、同七月に光州市在住の一八人の被害者を支援する生活補償や医療支援、死亡の際の葬祭費等の支援が行なわれるようになりました。光州市で始まった勤労挺身隊支援条例は、全羅《チョルラ》南道《ナムド》、ソウル市、京畿道《キョンギド》、仁川《インチョン》市、全羅北道《チョルラプクト》などに広がっていきました。関釜裁判原告で光州市在住の梁錦徳さんは「この条例ができた後、胸の怒りが半分は消えた。大事な人として待遇してくれることが嬉しくてありがたい」と話しています（『ハンギョレ新聞』二〇一七年一月一〇日）。

戦後、韓国社会で勤労挺身隊であったことをひたすら隠してこざるをえなかった原告たちが、自治体の支援条例ができたことで、「隠れていなくてもいい」（同『ハンギョレ新聞』）という心理的安らぎをようやく手にしつつあるのです。

第四章　被害者の誇りを傷つけた「国民基金」・加害責任を否定する歴史修正主義との闘い

裁判での支援運動と並行して私たちは、国が民間基金をつくり国民から集めた募金を慰安婦被害者に渡す国民基金構想と、「新しい歴史教科書をつくる会」に代表される歴史修正主義との闘いに懸命に取り組んできました。

1　「女性のためのアジア平和国民基金」との闘い

一九九二年、訪韓した宮澤首相は盧泰愚《ノテウ》大統領から慰安婦問題の真相究明を要請され、一九九三年八月四日河野官房長官談話を発表しました。その内容は前述した関釜裁判一審判決の要旨で紹介した通りです。

翌九四年六月に、長年政権を担ってきた自由民主党と連立政権を組んだ社会党の村山富市さんが首相になりました。村山さんは平和と人権の党首として、首相になる前は戦後補償の実現を熱心に唱えて来ました。ところが政権に入るために、従来の日本政府の立場である「戦後補償の問題は二国間条約・日韓条約で解決済みである」を踏襲せざるをえませんでした。しかしそれでは済まないので、民間から金を集めて被害者に渡してお詫びする、いわゆる民間基金構想を八月に打ち出しました。

これが「女性のためのアジア平和国民基金」（以下、「国民基金」）で、九五年七月に財団法人として発足しました。

実は民間基金構想が出されたとき、関釜裁判を支援する会や、他の日本国内の戦後補償を支援する運動は大揺れに揺れました。私たちは、「これは国の責任を曖昧にするものだ」ということは分かっていました。しかし、裁判が始まった当時の被害者たちの生活状態は本当に深刻でした。病気になっても医者にかかる金がありませんでした。ですから私たちは最初、慰安婦原告が医者にかかることができるように、カンパを募りました。「もし国民基金を拒否して、これに替わる国家賠償を今の私たちの運動で実現できるだろうか？　もしかしたら、これが被害者たちがお金を受け取る唯一の機会になるかもしれない。そのことに反対して良いのだろうか？」という迷いがありました。

私たちが国民基金反対の結論に達したのは、原告の思いに接したからです。九四年八月一九日の朝日新聞一面に「元慰安婦に『見舞金』　民間募金で基金構想　政府は事務費のみ、直接補償避ける」とする記事が踊りました。この記事の内容を、次の裁判での本人尋問の打ち合わせに来られて私の家に泊まっていた李順徳さんに、光州遺族会の李金珠さんが伝えると、彼女の顔が赤くなっていきました。そして突然、日本語で大声で話しだしました。「おれは乞食ではないよ。あっちこっちから集めた同情の金はいらない。国がちゃんとおれの前に来て謝って、国の金を出せば喜んでもらうよ」と。同情の金は欲しくないという激しい怒りだったのです。

李金珠さんと相談して、翌日記者会見をすることにしました。その記者会見が終わって、控室に私と二人でいたとき、彼女が「しかし、死んでからでは何にもならないよ。生きているうちに病院にも行きたいし新しい服も買いたい。お世話になったあなたたちが光州に来たときはお礼に食事もしてもらいたいよ」とつぶやくように言いました。

そのあと関釜裁判の定例会で討論し、五時間ぐらいの激論の末、民間基金は被害者たちの誇りの回復ではなく、再度傷つけてしまうことを覚り、反対の決意を固めました。九月四日、第六回口頭弁論での意見陳述に再度福岡に来られた李順徳さんと李金珠さん、そして金文淑さんの三人と共に八〇人ぐらいの市民が参加して、村山政権の民間基金構想への反対デモを行ないました。

その時から私は、「なぜ被害者がこんなに怒るんだろう」と考えさせられました。そして初めて私は、性暴力にあった被害者たちの手記や、フェミニズムの本をていねいに読み始めました。それらの本を読みながら、被害者たちのことをもう一度考え直してみました。

写真７　民間基金構想に抗議するデモ行進
（1994 年９月４日、於・福岡市天神）

原告たちが裁判のために来日した際には、ホテルに泊まってもらう余裕もないし、かつ、ホテルに泊まるのは味気ないと思い、できるだけ私の家や共同代表の教会に宿泊していただきました。大体三カ月に一回くらい裁判があり、その度に原告たちが来られます。私たちは夫婦で裁判の支援をしていて、子供もいないので家に泊まってもらい、そこに支援者たちが集まって一緒にご飯を食べ、お酒を飲んだりして交流し、歌ったり踊ったりして、次の日裁判に一緒に出かけることを繰り返してきました。ご飯を食べ、風呂から上がり、支援者たちも去ったときに慰安婦原告の朴頭理さんが「戦争の時代はつらかったよ。しかし、戦後はもっとつらかった」とポツンと言いました。

「戦後はもっとつらかったよ」は、被害者たちの証言を記した本を読んでいく中で分かっていきました。彼女たちは、韓国においてもフィリピンにおいても〝汚れた女〟、日本の軍人の性の相手をした民族の恥ずべき女、として白眼視される中で生きてこられました。フィリピンで最初に名乗り出たロサ・ヘンソンさんは「私は自分を恥じて、地面の中に穴を掘って、そこに顔を埋めて生きてきたような半生だった」と述べています。彼女たちは自分たちが慰安婦であったということを恥じて、ひたすら隠して生きてこられたのです。結婚されなかった女性もたくさんいます。あるいは、故国に帰ることすらできないで、中国大陸にとどまった方もいました。彼女たちは自分が被害者だと名乗り出ると再び社会で差別される、そのような社会で名乗り出られるはずがありません。慰安婦被害者たちが名乗り出ることができた背景は二つあります。

八〇年代の韓国民主化運動の中で、女性の人権を大切にし、差別をなくしていこうとするさまざまな取り組みや、キリスト教女性部のキーセン観光に反対する運動が広がっていきました。加えて、尹貞玉先生による挺身隊（慰安婦）研究に触発された女性たちが、日本政府の真相究明と謝罪・賠償・教育で歴史的記憶として伝えることなどを日本政府に要求しました。それに対して、「あれは民間業者が連れ歩いたもの」として国や軍の責任を隠蔽する日本政府に怒った韓国の女性運動が大きく結集して、挺身隊問題対策協議会（以下、挺対協）を結成します。このような動きの中で金学《キムハク》順《スン》さんがカムアウトし、次々に被害者たちが挺対協や遺族会、政府に申告しました。「恥ずかしいのは加害国の日本政府で、あなたたちではない、名乗り出て共に闘おう！」という声の広がりの中で、被害者たちはようやく名乗り出ることができたのです。

もう一つは、戦後のつらい人生を生き延びてきた慰安婦被害者たちはすでに七〇歳前後で、行商や家政婦、露天商などして働くことが困難になり、また老後を託す家族を作ることができなかった方が多く、貧困と孤立の中で深刻な老後不安にありました。私たちが支援する会を立ち上げてまず取り組んだのは、病院にかかることすら困難な原告に医療カンパを届けることでした。

被害者たちにとって民間基金であれ、お金はのどから手が出るほどほしかったでしょう。しかし被害者にとって、加害者である日本の国が罪を認める真摯な謝罪と賠償でないと、自分が罪人のごとく扱われてきた過去から解放され、誇りを取り戻すことができないのでしょう。それが「国民基金」に対する激しい反発だったのだろうと思います。誇りを取り戻したいという強い思いです。

一〇月に民間基金構想への対応を議論する全国会議が東京で開かれました。当時の、戦後補償に取り組んでいた運動体で、社会党の支持母体である全日本自治体労働組合や、旧日本軍の軍人軍属やその遺族、元慰安婦ら計四〇名が原告の「アジア太平洋戦争韓国人犠牲者補償請求訴訟」を支援している市民団体「日本の戦争責任をハッキリさせる会」が、民間基金構想を支持する側に回りました。また著名な学者達が民間基金を推進する側に回っていきました。社会党出身の村山政権の提案をつぶしたら、戦後補償の機会を逃してしまうのではないかという危惧が強かったのです。私は関釜裁判を支援する会の意思として、李順徳さんの声を伝えながら反対を主張しました。「民間基金では被害者の誇りを回復できないこと。しかし貧困ゆえにそれでも基金からお金を受け取る被害者が出てくるだろう。そうした被害者が所属している社会から蔑まれるような事態が起こることを恐れる」と。戦後補償に取り組む多くの市民団体は態度を決めきれずに悩んでいて、民間基金構想に対する態度を決めることができないまま散会せざるを得ませんでした。

このままでは、日本の運動体は混乱し分裂したままで、日本政府に対する有効な反対意志を示すことができないで民間基金に向き合わねばならなくなる、と苦悩しました。そこで、関釜裁判を支援する会の緊急会議をひらき、東京での会議の報告と民間基金構想に反対する意見広告を新聞に出すことを提案し、長い議論の末、取り組むことになりました。朝日新聞では広告掲載に一〇〇〇万円以上かかります。そこで毎日新聞の労働組合の協力を得て三分の二ページ、六〇〇万円で全国紙に意見広告を出すことにしました。お金は関釜裁判を支援する会が負担することにし、意見広告文は東京の戦後補償に取り組むメンバーが大車輪で取り組みました。一一月二八日から三日間、日本を三ブロックに分けて次々に意見広告が掲載されました。「日本軍がおかした罪は、日本政府に償ってほしいのです――私たちは『民間基金』による『見舞金』ではなく、日本政府の直接謝罪と補償を求めています――」との文章を掲げ、金学順さんや、李順徳さんら被害者の声を伝えるもので、戦後補償運動にかかわるすべての市民団体も賛同しました（図1）。その後、福岡や下関そして東京で民間基金に反対する署名集めやデモ、集会を開催しましたが、政府の方針を変えることが

（広　告）　1994年（平成6年）11月30日（水曜日）　20

Redress for Justice, Not Charity Money!

「見舞金」でなく、正義の回復を！
（redress：【名詞】（不正・まちがいなどの）矯正、不正・損害などの除去、補償・賠償、
【動詞】直す、ただし、矯正する、（損害などを）取り返す、回復する、
（苦痛などを）軽減する、和らげる、救済する、再調整する、きちんとする）

罪は、日本政府につぐなってほしいのです

民間基金」による「見舞金」ではなく、
本政府の直接謝罪と補償を求めています——

さん
らの
って
っ当
い」
り
政
に
さん
被
日
国

金学順（キム・ハクスン）さん　撮影＝伊藤孝司

罪、
る。

■私たちは乞食ではありません　韓国元「慰安婦」李順徳《イスンドク》さん

私は乞食ではありません。民間から集めた同情の金はいりません。日本政府がきちんと私にあやまって補償をしてほしい。私が死ぬ前に早くしてほしい。受け取ったお金で、病院にも行きたいのです。

李順徳さんは、上海で7年間「慰安婦」生活を強いられた。日本兵に幾度もなぐられ、日本刀で斬りつけられ、軍靴で蹴られた。傷はいまも痛む。下関の関釜裁判原告。76歳。

■筋のとおった金でないと意味がない　在日韓国人元「慰安婦」宋神道《ソンシンド》さん

「民間募金」に頼るやり方そのものがおかしい。「見舞金」だなんてこれではかえってまわりの日本人からさげすまれる。金だけよこしてことが済むと思っているのか？　戦争の責任をきちんととって自分にあやまってほしい。筋のとおった金でないと意味がないでしょう。

宋神道さんは、1938年にだまされて中国北部に連れて行かれ、敗戦まで「慰安婦」をさせられた。当時産んだ2人の子どもとは生き別れのまま。戦後、だまされて来日し、そのまま在留。92年に「慰安婦」であったことを名乗り出た。在日の「慰安婦」裁判原告。72歳。

■被害者全員への謝罪と補償を　オランダ対日道義的補償請求財団

日本政府の誠実な謝罪。すべての戦争被害者への加害の責任を認めること。全被害者に個人補償することによって苦しみと損害をつぐなうこと。元「慰安婦」をふくむすべての元捕虜・民間抑留者の要求です。

はこう考えます■

害者に対する配慮を欠いてきたことは明らかです。（アジア各国総額賠償は累計で1兆円強にすぎず、被害者個人にはまったく届いていない）しかもその法は、在日韓国・朝鮮人の戦争被害者には「日本国籍がない」理由で適用されません。日本人のみを対象にした「戦後補償」られるべきです。

べての戦争被害者に誠実な謝罪と個人補償を

な謝罪と補償がなければ、他のアジアの人びとと本当の和解することはできません。金さえ払えばいいだろうというごう勢では、ふたたび批判を受けるだけです。国連安保理の常任に立候補する前に、元「慰安婦」だけでなく、強制連行の被住民虐殺、捕虜虐待や子どもをふくむ抑留の被害者などの個する補償問題を日本政府はすすんできちんと解決すべきです。

加害者にならないために、歴史教育の充実・強化を

害者の人権救済とともに、私たちの歴史認識をただすことが必。知らなかった・知らされてこなかった事実のひとつひとつ・解明し、学校教育や社会教育で加害の歴史を学び、語り、

する補償問題を日本政府はすすんできちんと解決すべきです。
加害者にならないために、歴史教育の充実・強化を
害者の人権救済とともに、私たちの歴史認識をただすことが必。知らなかった・知らされてこなかった事実のひとつひとつ・解明し、学校教育や社会教育で加害の歴史を学び、語り、
び加害者にならないことをくり返し誓い合うことは、国際的要です。

者はいずれも高齢です。人権と公正を重視し、「人にやさしい」する村山政権は、すみやかに謝罪と個人補償を行うべきです。

戦後補償実現国際キャンペーン

（東京事務局）〒102 東京都千代田区飯田橋4-5-16-402 Fax03(3237)0287
（西日本事務局）〒810 福岡市中央区城内7-14 花房方 ☎・Fax092(713)1879
〈戦後責任を問う関釜裁判を支援する会〉
The International Campaign to Realize Redress for Wartime Victims

呼びかけ人
鮎谷邦雄（弁護士）
アイリーン・美緒子・スミス（環境ジャーナリスト）
李効再（韓国挺身隊問題対策協議会共同代表）
井上ひさし（作家）
内海愛子（恵泉女学園大学教授）
姜尚中（国際基督教大学準教授）
金敬得（弁護士）
白柳誠一（カトリック東京教区大司教）
辛淑玉（企業コンサルタント）
鈴木裕子（女性史研究家）
徐勝（在日韓国人元政治犯）
田中宏（一ツ橋大学教授）
鶴見和子（上智大学名誉教授）
中里喜昭（作家）
中原道子（早稲田大学教授）
新美隆（弁護士）
林郁（作家）
林力（九州産業大学教授）
林陽子（弁護士）
原忠和（日本キリスト教団総会議長）
福島瑞穂（弁護士）
松井やより（ジャーナリスト）
松下竜一（作家）
丸木俊（画家）
武者小路公秀（明治学院大学教授）
山崎朋子（作家）
尹貞玉（元梨花女子大学教授）
吉見義明（中央大学教授）
内田雅敏（弁護士）
李恢成（作家）

賛同協力団体（海外）
韓国挺身隊問題対策協議会（韓国）
韓国太平洋戦争犠牲者遺族会（韓国）
挺身隊問題対策釜山協議会（韓国）
韓国強制軍隊慰安婦被害者会（韓国）
台湾女性救援基金会（台湾）
光州遺族会（韓国）
リラ・ピリピーナ（フィリピン）
オランダ対日道義的補償請求財団（オランダ）
英国収容者生存者協会（イギリス）
韓国系アメリカ人全国協会（アメリカ）

賛同団体（国内）

賛同協力団体（海外）
韓国挺身隊問題対策協議会（韓国）
韓国太平洋戦争犠牲者遺族会（韓国）
挺身隊問題対策釜山協議会（韓国）
韓国強制軍隊慰安婦被害者会（韓国）
台湾女性救援基金会（台湾）
光州遺族会（韓国）
リラ・ピリピーナ（フィリピン）
オランダ対日道義的補償請求財団（オランダ）
英国収容者生存者協会（イギリス）
韓国系アメリカ人全国協会（アメリカ）
賛同団体（国内）

（94.11.25.現在 順不同）

図1　『毎日新聞』1994年11月30日掲載の意見広告

できず、翌年の一九九五年七月「女性のためのアジア平和国民基金」が設立されました。そして一年間かけて募金が集められ、一九九六年八月から支給が開始されました。

同年八月一三日からフィリピンの被害者に民間からの「償い金」二〇〇万円、国からの医療福祉費として一二〇万、計三二〇万が支給されます。翌年、韓国、台湾の被害者に、民間の「償い金」と国からの医療福祉費三〇〇万円を合わせた五〇〇万円が支給されていきました。（フィリピンは韓国・台湾に比べて物価が安いため低く設定されました。）

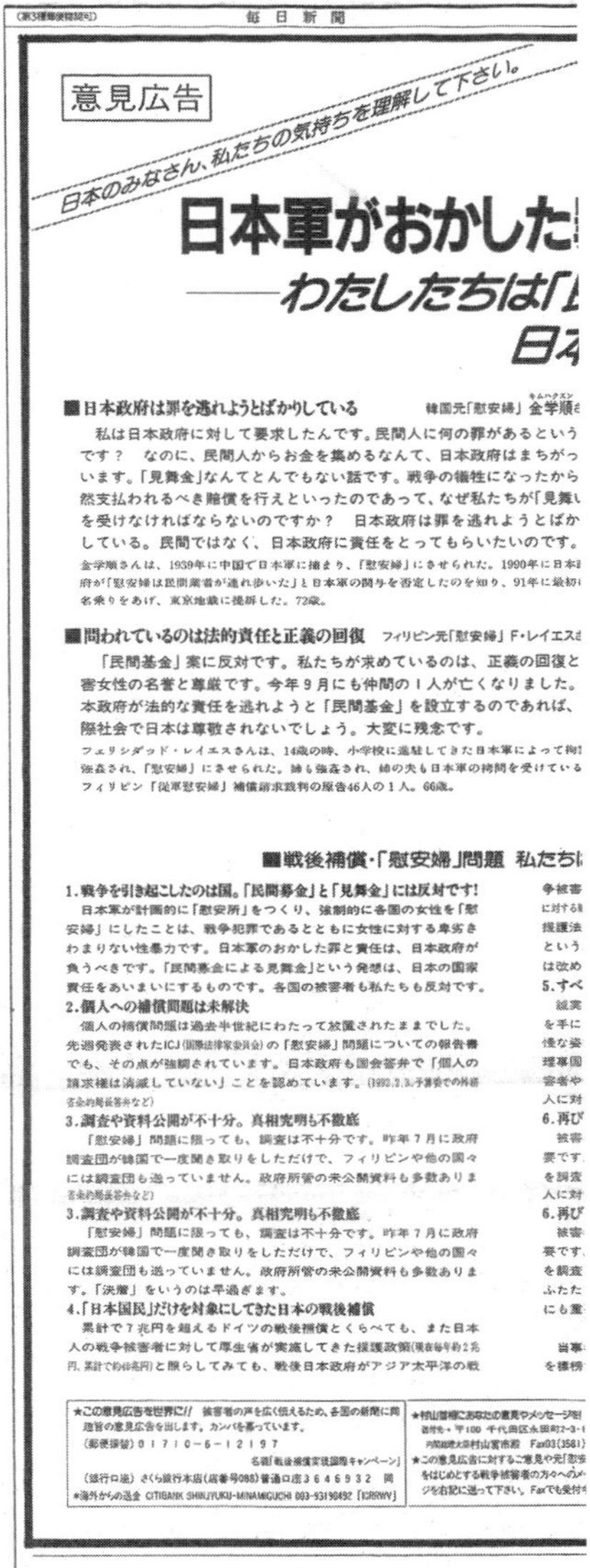

毎日新聞

意見広告

日本のみなさん、私たちの気持ちを理解して下さい。

日本軍がおかした

――わたしたちは「

日本

■日本政府は罪を逃れようとばかりしている　韓国元「慰安婦」金学順《キムハクスン》

私は日本政府に対して要求したんです。民間人に何の罪があるという
です？　なのに、民間人からお金を集めるなんて、日本政府はまちがっ
います。「見舞金」なんてとんでもない話です。戦争の犠牲になったから
然支払われるべき賠償を行えといったのであって、なぜ私たちが「見舞
を受けなければならないのですか？　日本政府は罪を逃れようとばか
している。民間ではなく、日本政府に責任をとってもらいたいのです。

金学順さんは、1939年に中国で日本軍に捕まり、「慰安婦」にさせられた。1990年に日本
府が「慰安婦は民間業者が連れ歩いた」と日本軍の関与を否定したのを知り、91年に最初
名乗りをあげ、東京地裁に提訴した。72歳。

■問われているのは法的責任と正義の回復　フィリピン元「慰安婦」F・レイエス

「民間基金」案に反対です。私たちが求めているのは、正義の回復と
害女性の名誉と尊厳です。今年９月にも仲間の１人が亡くなりました。
本政府が法的な責任を逃れようと「民間基金」を設立するのであれば、
際社会で日本は尊敬されないでしょう。大変に残念です。

フェリシダッド・レイエスさんは、14歳の時、小学校に進駐してきた日本軍によって拘
強姦され、「慰安婦」にさせられた。姉も強姦され、姉の夫も日本軍の拷問を受けている
フィリピン「従軍慰安婦」補償請求裁判の原告46人の１人。66歳。

■戦後補償・「慰安婦」問題　私たち

1.戦争を引き起こしたのは国。「民間募金」と「見舞金」には反対です！

日本軍が計画的に「慰安所」をつくり、強制的に各国の女性を「慰安婦」にしたことは、戦争犯罪であるとともに女性に対する卑劣きわまりない性暴力です。日本軍のおかした罪と責任は、日本政府が負うべきです。「民間募金による見舞金」という発想は、日本の国家責任をあいまいにするものです。各国の被害者も私たちも反対です。

2.個人への補償問題は未解決

個人の補償問題は過去半世紀にわたって放置されたままでした。先週発表されたICJ（国際法律家委員会）の「慰安婦」問題についての報告書でも、その点が強調されています。日本政府も国会答弁で「個人の請求権は消滅していない」ことを認めています。（1992.2.3.予算委での外務省条約局長答弁など）

3.調査や資料公開が不十分。真相究明も不徹底

「慰安婦」問題に限っても、調査は不十分です。昨年７月に政府調査団が韓国で一度聞き取りをしただけで、フィリピンや他の国々には調査団も送っていません。政府所管の未公開資料も多数ありま
省条約局長答弁など）

3.調査や資料公開が不十分。真相究明も不徹底

「慰安婦」問題に限っても、調査は不十分です。昨年７月に政府調査団が韓国で一度聞き取りをしただけで、フィリピンや他の国々には調査団も送っていません。政府所管の未公開資料も多数あります。「決着」をいうのは早過ぎます。

4.「日本国民」だけを対象にしてきた日本の戦後補償

累計で７兆円を超えるドイツの戦後補償とくらべても、また日本人の戦争被害者に対して厚生省が実施してきた援護政策（現在毎年約２兆円、累計で約40兆円）と照らしてみても、戦後日本政府がアジア太平洋の戦

★この意見広告を世界に!!　被害者の声を広く伝えるため、各国の新聞に同趣旨の意見広告を出します。カンパを募っています。
（郵便振替）０１７１０−６−１２１９７
名義「戦後補償実現国際キャンペーン」
（銀行口座）さくら銀行本店（店番号098）普通口座３６４６９３２　同
＊海外からの送金 CITIBANK SHINJYUKU-MINAMIGUCHI 093-93190492［ICRRWV］

★村山首相にあなたの意見やメッセージを
送付先→〒100 千代田区永田町2-3-1
内閣総理大臣村山富市殿　Fax03（3581）
★この意見広告に対するご意見や元「慰安
をはじめとする戦争被害者の方々へのメ
ジを右記に送って下さい。Faxでも受付

これに対して、被害者はもとより各国の支援者・支援団体は猛烈に反発しました。このやり方は国の加害責任を曖昧にするものだからです。この国民基金が対象にしたのは、当時名乗り出ていた韓国と台湾とフィリピンの三カ国の被害者たちで、結果的に合計二八五名が「償い金」と首相からの「謝罪文」を受け取りました。中国と北朝鮮の被害者たちはこの対象になっていません。

韓国や台湾では、支援団体が自国政府に国民基金相当のお金を被害者たちに支給するよう働きかけ、国民基金からのお金を受け取らない被害者をサポートしました。金大中大統領は、「国民基金は解決にならない。支給を強制するな」と日本政府に伝えます。しかし、「国民基金」は韓国や台湾の新聞に広告を出し、「これは謝罪のためのお金です。国民基金の事務所に電話をください。あなたにお金を送ります」と被害者に直接働きかけました。それでも過半数の被害者たちは、受け取りを拒否しました。

2　慰安婦問題を消し去らんとする『新・ゴーマニズム宣言』との闘い

一九九三年に出された河野談話の中で「われわれはこのような歴史の真実を回避することなく、むしろこれを歴史の教訓として直視していきたい。われわれは、歴史研究、歴史教育を通じて、このような問題を永く記憶にとどめ、同じ過ちを決して繰り返さないという固い決意を改めて表明する」との日本政府の姿勢を受けて、一九九五年度の高等学校の日本史教科書に従軍慰安婦に関する記述が掲載されました。

一九九六年五月、翌年の中学校で使われる教科書の検定で、社会科歴史の全教科書（七社）が「従軍慰安婦」について記述し、合格したことが分かりました。

Ａ社は「朝鮮などの若い女性たちを慰安婦として戦場に連行しています」。このほか「女性を慰安婦として従軍させ、ひどい扱いをした」（Ｂ社）、「多くの朝鮮人女性なども、従軍慰安婦として戦地に送り出された」（Ｃ社）などの記述もそのまま通りました。

このことがマスコミで報道されると、日本の侵略戦争を「自衛のためにやむをえなかった」と主張する歴史修正主義者や、保守派の政治家や研究者が猛反発します。藤岡信勝東大教授（当時）は「自由主義史観研究会」を立ち上げ、河野談話の批判に乗り出します。

また安倍晋三氏などを中心に「日本の前途と歴史教育を考える若手議員の会」を結成し、河野談話批判の勉強会を始めます。

そうした動きを背景にして、福岡市出身の漫画家・小林よしのり氏が小学館の雑誌『ＳＡＰＩＯ』に連載中の「新・ゴーマニズム宣言」で、一九九六年八月から従軍慰安婦問題の連載をはじめました。この漫画で次の①〜⑥ような主張を展開します。各々に実際はどうであったかを記しますが、それらの主張は事実を歪めるものでした。

①慰安所を経営していたのは民間業者である。日本軍や警察の関与は許可を与えるぐらいの行為でしかない。

実際は、一九三七年日中戦争がはじまると日本陸軍は「野戦酒保規定」を改正し、「慰安施設ヲナスコトヲ得」を追加して、軍慰安所の設置、運営・監督・性病検診、業者の選定をし、軍が主体で業者は従属的な存在でした。慰安所設置を直接担った一人・フジサンケイグループの創設者である鹿内信隆氏は陸軍経理部に入隊し、慰安所設置を学び、のちに設置に携わっていきます。『いま明かす戦後秘史』（桜田武・鹿内信隆、サンケイ出版、一九八三年）で「その時に調弁する女の耐久度とか消耗度、それにどこの女がいいとか悪いとか、それからムシロをくぐってから出て来るまでの〝持ち時間〟が将校は何分、下士官は何分、兵は何分――といったことまで決めなければならない（笑）。……料金にも等級をつける。こんなことを規定しているのが『ピー屋設置要綱』というんで、これも経理学校で教わった」（「ピー屋」＝軍慰安所）と書いています。

中曽根康弘元首相も海軍主計中尉時代にボルネオ島バリックパパンで慰安所を作ったことに触れています。「三千人からの大部隊だ。やがて、原住民の女を襲うものやバクチにふけるものも出てきた。そんなかれらのために、私は苦心して、慰安所をつくってやったこともある」（松浦敬紀『終わりなき海軍』文化放送、一九七八年）と。

このように早稲田や東大卒などの将校（今でいえば財務省に入るようなエリート国家公務員）が慰

安所設置と経営に携わっていき、戦後もそのことを恥じるモラルを欠如したまま放言し、政財界のトップに君臨してきたのです。国家自らが、政府構成員のために売春宿を設置することは異様なことでした。第二次世界大戦において軍専用の売春施設を設置した他の国は、ヒットラー率いるドイツだけであったことにも、はなはだしい人権感覚の欠如がうかがえます。

②日本軍による強制連行はなかった。業者が貧しい農村の娘を買い集めた。本人が騙されたと思っても、親が売ったのを知らなかっただけ。

植民地朝鮮・台湾では日本が導入した公娼制度下の周旋業者たちが、人身売買や、「良い働き場所がある」などの甘言を使った誘拐が主で、本人の意に反した強制連行であることに変わりはありませんでした。戦地・占領地の中国や、フィリピン、インドネシアなどでは日本軍による暴力的な拉致が多発しました。

③従軍慰安婦は商行為であって、収入は一般兵士の百倍、プロとして二～三年働けば故郷に家が建てられる。

ビルマで一九四二年から敗戦までの約三年間で慰安婦として「働き」貯金した文玉珠《ムンオクジュ》さんの二万六一四五円のことを指しています（元郵政省熊本貯金事務センター保管の「軍事郵便貯金原簿調書」より）。

秦郁彦氏は『慰安婦と戦場の性』（新潮社、一九九九年）で「今なら一億円前後の大金である。」

と書いています。一九四三年当時の陸軍大将の年俸が六六〇〇円だから、勝るとも劣らない収入を得ていたように見えます。しかし実態は、当時戦場では軍票が使われていて、戦争末期日本軍の敗戦が目に見えて明かになっていたビルマやフィリピンでは軍票の信用が暴落し極端なインフレが進行していて、文玉珠さんも四五年四月、五月と軍票で一万円単位で貯金しています。ビルマでは一九四一年当時に比べて二〇〇〇倍にもなるインフレーション（日本銀行統計局編『戦時中金融統計要覧』）で軍票はほとんど無価値に近いものでした。文玉珠さんは歌や踊りがうまい人で将校たちの宴会によく呼ばれていて、無価値に近い軍票をチップとして将校が気前よく払ったのを貯金していたのです。元大蔵官僚であり歴史家の秦郁彦氏がこのような歴史事情に無知であるはずがなく、歴史修正主義者を煽るために「中将の年棒でも五八〇〇円だから、文玉珠クラスになると在ビルマ日本軍最高指揮官より多く稼いでいたことになる。」と『慰安婦と戦場の性』で書いたのではないかと思われます。

関釜裁判の原告たちは一銭ももらえず、置き去りにされました。

④慰安所は戦争下の兵士による民間女性に対する強姦を防ぐ唯一の手段だ。それでも慰安所がなかったほうが良いと言えるのか。

欧米の兵士たちは、長期間の従軍によるストレスの蓄積を避ける休暇制度があり、家族や恋人と会うことでリフレッシュできました。しかし日本軍にはこのような休暇制度はなく、兵士たちは食料品の補給も不十分な、いつ終わるかしれない長期の従軍に、すごいストレスをため込んでいました。無謀な侵略戦争を強いられる兵士たちの不満をそらすために、軍慰安所が用意されたのです。また強姦は軍の刑法で「婦女を強姦したるときは無期又は七年（後に三年）以上の懲役に処す」ことになっていましたが、現場の上官たちは見て見ぬふりをして、厳しい適用はなされませんでした。

⑤戦後補償は国家間で解決済みだから、日本政府に補償を求めるのはお門違い。

日本政府は戦後ずっと「国家間で解決済みは、国民の被害請求を政府が相手国に交渉する外交保護権の放棄であって、国民の請求権は消滅していない」として、原爆被害者たちやシベリア抑留者たちによる、相手国への賠償を放棄した日本政府への補償請求を退け、加害国に行って裁判で請求するようにと突き放してきました。

⑥満州でソ連兵に強姦された日本女性は、何もなかったかのように口をつぐんできた。そのような女性を誇りに思う。

女性蔑視の家父長制意識を恥ずかしげもなくさらしています。ソビエト軍の侵攻時、国策で移住した開拓民を守るべき軍首脳が真っ先に逃亡した結果、多くの被害者が出た事実に触れていません。満州開拓民など多くの被害女性に沈黙を強いたのは、当時の強姦の加害者よりも被害者の方が自らを罪人であるかのように思わせる日本社会の家父長的な女性差別思想です。口をつぐんでござるを得なかった女性たちの屈辱と怒りへの想像力が絶望的に欠如しています。小林よしのり氏のような男の論理が女性に沈黙を強い、しかも「そのことを誇りに思う」と自慢することの醜悪さを露わにしています。

この漫画には慰安婦問題を否定する研究者が結成した「自由主義史観研究会」の主張がほぼ出ています。雑誌『ＳＡＰＩＯ』自体が歴史修正主義・保守的な雑誌で購読者が一四万人。『ゴーマニズム宣言』が単行本になれば二〇～三〇万人の若者たちが購読していました。さらに従軍慰安婦の連載に投書が殺到し、八割が「よくぞ書いてくれた」という支持派で、反対派は二割という状況でした。

一方、福岡で市民運動をやっている女性たちから「セカンドレイプだ」との怒りの声が上がり、関釜裁判を支援する会も抗議に参加することになりました。福岡を中心に全国から抗議への賛同が寄せられ、四三団体・個人五二人による申し入れが、小林氏と発行元の小学館に送られ、マスコミでも取り上げられました。

地元の福岡市の市民たちから抗議された小林氏と『ＳＡＰＩＯ』は無視はしないで、私たちの抗議を漫画で取り上げて嘲笑する対応をしてきました。それに目を付けたテレビ朝日が、深夜番組の「異議あり！」で小林氏と対決をするよう出演を依頼してきました。中学校の授業で慰安婦問題を取り上げることに反対する歴史修正主義の台頭は急激でした。それを黙視することはできないと、周辺の心配を振り切って、関釜裁判のメンバーを含めて四人が九七年一月一〇日東京に出向き「異議あり！」の四〇分番組に出演することになりました。

小林よしのり氏への批判を、軍が主体となった慰安所制度であること、朝鮮半島では関釜裁判の三人の原告すべてが業者による就業詐欺で強制連行されたことを中心に主張し、「慰安所は必要だ」とする被害女性への痛みへの想像力を欠いた認識を厳しく批判することを目標としました。

テレビ初出演で、短い時間の中で目的を完全には達成することはできないまま終わりました。番組への反響としてTV局がまとめたものによると二五六件の感想が寄せられ、小林氏の主張に賛同が一〇八人で、私たちへの賛同は六〇人でした。小林氏は前もって雑誌で小林ファンである若い読者たちにテレビでの対決を伝え、応援を呼びかけていて、深夜番組を見る年齢層を考えるとやむをえない結果でした。

寄せられた意見内容で多かったのは「慰安婦は商行為だったのでは」「自国の歴史に誇りを」「当時の視点、価値観で」「慰安所制度のおかげで多くの女性が助かった」などです。小林氏の「被害者の証言は信用できない」には批判が多く、元「慰安婦」の訴えに耳を傾けている人が多いこともうかがえました。

3 「新しい歴史教科書をつくる会」との闘い

一九九七年一月三〇日に「自由主義史観研究会」の学者たちを中心に、「新しい歴史教科書をつくる会」（略称「つくる会」）が結成されました。その趣意書で次のように主張しています。

「……日本の戦後の歴史教育は、日本人が受けつぐべき文化と伝統を忘れ、日本人の誇りを失わせるものでした。特に近現代史において、日本人は子々孫々まで謝罪し続けることを運命づけられた罪人の如くにあつかわれています。冷戦終結後は、この自虐的傾向がさらに強まり、現行の歴史教科書は旧敵国のプロパガンダをそのまま事実として記述するまでになっています。……

私たちのつくる教科書は、……祖先の活躍に心踊らせ、失敗の歴史にも目を向け、その苦楽を追体験できる、日本人の物語です。……子どもたちが、日本人としての自信と責任を持ち、世界の平和と繁栄に献身できるようになる教科書です。」

こうして教科書の作成に乗り出した背景には、次のような事情がありました。一九八二年六月二六日付の新聞各紙が一斉に日本国内の教科書検定において、昭和期の日本の記述について「日本軍が華北に『侵略』」とあったのが、文部省の検定で「華北へ『進出』」という表現に書き改めさせられたと報道され、中国、韓国から日本政府が厳しい批判を浴びる外交問題に発展しました。その結果、日本政府は教科書検定調査に「隣接諸国との友好親善に配慮すべき」との一項目を加えることで決着しました。これ以降、強制連行や南京大虐殺などの植民地支配や侵略戦争の加害記述が増えていきました。

その上に「従軍慰安婦」記述がさらに加わることに反発する研究者や文化人、日本神道系の宗教団体等を母体とする日本会議などが結束して、中学校・高等学校の歴史教科書から「強制連行」「従軍慰安婦」「南京大虐殺」の記述削除を日本政府に求め、地方議会での意見書採択運動と、新しい教科書作成に参入してきたのです。

「つくる会」の初めてのお披露目が、九七年四月二九日に福岡市でなされることになりました。福岡県の高等学校教職員組合を分裂して作った、保守的な第二組合である福岡教育連盟主催のシンポジウム「新しい歴史教育の創造へ向けて」が、福岡市のど真ん中の七〇〇名を収容できる会館で行なわれました。パネリストとして乗り込んできたのは、藤岡信勝、西尾幹二、高橋史朗各大学教授と地元出身の小林よしのり氏でした。主催者による「二五年前、教師のストライキ、偏向教育、職場闘争から子供たちを守るため、志ある教師たち二〇〇名で組合を結成し、今や二〇〇〇名の組合員に達し、福岡の高校教師の三〇パーセントに達した。この集会に参加した七〇〇名の皆様とともに九州の教育界を変えていこう」との挨拶で始まりました。各パネリストが語った内容は小林よしのり氏の漫画で主張された内容をより詳しくしたもので、九州各県の教師たちが参加した熱気に満ちた集会でした。

私たちはこの集会に対抗するために、四〇日後に同じ会場で「教科書からはずせんばい！子供たちに知らせたい女性たちのこと」と題した集会を企画し、そのチラシを会場入り口で撒きました。ちょうど前日に開かれた裁判に参加のため来日していた金文淑会長、原告たちもチラシ撒きに参加しました。その後、金会長と支援する会のメンバーたちも視察がてら会場に入りましたが、質問は封じられ、あまりの内容のひどさに金会長が反論すると「帰れ！」「だまれ！」の怒号が沸く集会でした。

六月八日の私たちの集会には五〇〇人ぐらいの市民や教師、在日の若者たちが参加してくれました。組織を持たない小さな市民運動主催の集会では異例なほど多い参加者でした。新しい歴史教科書を作る会などの動きに危機意識が募っていたのです。

金文淑会長は、先月の「つくる会」のシンポジウムに参加して受けた侮辱に激しい怒りを持ち、「彼らの慰安婦迫害が最も危険なナショナリズムであり、日本の名誉を傷つけている」と批判しました。上杉聡氏（日本の戦争責任資料センター事務局長）は、「新しい歴史教科書をつくる会に呼応して日本会議傘下の団体により、地方議会で『慰安婦記述を削除せよ』の陳情が行なわれている。そうした動きに反対する私たちの運動が今のところ成功している」と報告されました。集会に来られなかった釜山在住の慰安婦被害者・李貴粉《イキブン》さんはメッセージを寄せて、自らの慰安婦体験を綴り「被害者の私がいまだ死ねずにいるのに、なぜ慰安婦攻撃に猛り狂っているのか。その真意を聞い

郵便はがき

112-8790

105

料金受取人払郵便

小石川局承認

6032

差出有効期間
2022年9月25日
まで

（受取人）
文京区関口1―29―6
松崎ビル202

白澤社

行

この度はご購読ありがとうございました。下記にご記入いただきました情報は、小社刊行物のご案内や出版企画の参考以外の目的では利用いたしません。

ご購入 書　名		
お名前	ご職業／学校	年齢 歳
ご住所　〒		
電話番号	E-mail	

この本をお求めの動機は?　ご覧になった新聞、雑誌名もお書き添え下さい。

1.広告をみて　2.書評をみて　3.書店で　4.人の紹介で　5.その他

よく読む新聞・雑誌名は?

新聞：　雑誌：

●読者通信

書名

◆本書へのご感想・ご意見をお聞かせください。

◆本書タイトル、装幀などへのご意見をお聞かせください。

※ご記入いただきましたご感想・ご意見等を当社ブログ等で
1.掲載してよい　2.掲載しては困る　3.匿名ならよい

●ご注文書

当社刊行図書のご注文にご利用ください。ご指定の書店へまたは、直接お送りいたします。直送の場合は送料実費がかかります。

白澤社 発行／現代書館 発売	
書名	冊数

お届先:お名前	電話番号
ご住所	

ご指定書店	取次店番線（小社で記入します）
所在地	
TEL	

てみたい。そしてお前たちのデマゴギーを被害者は許さない、全世界が許さない」と訴えました。

日本会議は、一九九七年五月、当時の二大右派組織である「日本を守る会」と「日本を守る国民会議」が合併する形で発足しました。現会員は約三万八千人、日本会議に連帯する日本会議国会議員懇談会に名を連ねる衆参両院議員も約二八〇人を数えるに至り、組織の役職などには著名文化人、学者、財界人らが就いています。戦後に作られた日本国憲法を敵視し、戦前の日本に帰ることを求め、国民主権の否定、人権の軽視、天皇中心主義と自民族優越主義が特徴です。その日本会議が総力を挙げて取り組んでいるのが、日本国憲法の改正運動です。現憲法は唾棄すべき戦後体制の象徴であり、同じ志を抱く安倍政権の時こそが改憲の最大チャンスと捉えていて、フロント組織である「美しい日本の憲法をつくる国民の会」を立ち上げて、一千万人を目指す改憲の署名集めが行なわれています。憲法改正を求める集会などに一万とか二万人単位で動員できます。

戦後補償の運動はこうした右派的研究者・政治家・そして日本会議に象徴される右翼的宗教統一戦線、後に出てくるネット右翼たちと、私たちのどちらが日本国民の共感を得ることができるのかという闘いです。

この後、福岡市や福岡県議会にも教科書から慰安婦記述の削除を求める請願がなされてきましたが、慰安婦問題に理解がある議員たちと共に跳ね返してきました。慰安婦問題の歴史認識をめぐる攻防が全国化していく中で、戦後補償を支援する市民と政治家で、植民地支配と侵略戦争によるアジア諸国民への加害を究明するために、国が所有する歴史資料の情報公開を求める機運が広がっていきました。

4　戦争加害の真相究明を求める立法運動

中学校の教科書から慰安婦問題や南京大虐殺の記述の削除を求める請願に反対する運動をしてきた全国各地の市民たちが、一九九七年七月と九月に全国合宿を持ち、次のような意思統一をしました。

①アジアの戦争被害者による戦後補償運動の国内での共感の広がりに対して、「新しい歴史教科書をつくる会」などの事実を否定する言動が大きくなり、国論を二分するような状況を引き起こしている。こうした事態にアジアの近隣諸国が強い不信と反感を起こしており、国内的にも対外的にも過去の戦争加害に対する歴史認識の明確化が第一級の政治課題になっている。

②強い権限を持った公的な調査会を設置し、民間でのこれまでの研究に加えて新たな資料の公開でえられる加害の歴史認識を政治家と国民全体が共有することで、被害者の痛みと無念を知ることができ、結果として謝罪と賠償法を実現していく政治状況を作ることになる。

③立法化は、戦後補償に取り組んでいる弁護士や市民団体の力量だけではあまりにも力量不足で、

教科書攻撃と闘う各地の運動をはじめ、学者、政治家の協力を得て「真相究明」を実現する広範な統一行動を作り出す。

④年内に「戦争被害調査会法を実現する市民会議」を立ち上げ、法案の作成、国会議員への要請、地方議会への請願活動、衆参両院議長あて署名活動に取り組む。

福岡においては翌年二月の県議会に向け、日本政府に「アジアの戦争被害の真相究明を促す議会決議」を求めるために、県下の各大学の先生や有識者たち二〇人に呼びかけ人になっていただき、福岡県下の全地方自治体の議会に請願書を提出しました。また要請があれば支援する会のメンバーが地方議会に出向き、真相究明法の必要性を訴えました。この結果、飯塚市、大牟田市、田川市ほか五つの地方議会で請願が可決されました。筑豊や大牟田市の旧炭鉱地帯は、戦前に朝鮮人や中国人が強制労働させられた地方でした。市民からの請願は議員の全員一致という取り決めの自治体が多い中、保守的な地方自治体の議会でよく決議して政府に要請してくれたと思います。地元国会議員にも、与野党を問わずチームを組んで要請活動を展開しました。

一方、政治家では旧民主党代表の鳩山由紀夫議員が熱心で、中心で奔走したのは田中甲衆議院議員でした。田中議員は一九九五年六月一三日にフランスが太平洋のムルロア環礁で再開する核実験に抗議するため、五カ国九人の国会議員で船に乗って立ち入り禁止区域の実験場に突入し、逮捕されながら抗議文を渡す抗議行動を行ないました。翌年七月中国を訪問し、江沢民主席と会談した際、中国の核実験の禁止を要請します。すると江沢民主席から厳しい表情で「アジアにおける過去の歴史を学んでいただきたい。中国がどのような歴史を送ってきたのか。中国にとって核抑止は必要だ」と言われます。

「これまで戦争で原爆の被害にあった唯一の国、日本が被害者だという意識が強く、日本がアジアに与えた加害者としての事実の認識が薄かった。まさに『目から鱗が落ちた』気分だった。戦前、戦中、戦後、今世紀中に起こった被害を明らかにし、次の世代に伝えることが必要であると痛切に思った」（田中甲、宇佐美登『２０４５発目の核――仏核実験再開に抗議したある日本人の記録』ＰＨＰ研究所、一九九六年）と、日本の加害責任を認識したきっかけを書いています。

韓国の金大中大統領の訪日を一週間後に控えた一九九八年九月三〇日、衆議院会館で「恒久平和のために真相究明法の設立を目指す議員連盟」の設立集会が開かれました。鯨岡兵輔（自由民主党）、鳩山由紀夫（民主党）、浜四津敏子（公明党）、土井たか子（社会民主党）、武村正義（さきがけ）の五氏の呼びかけに三三名の国会議員と二〇数名の代理出席を得て設立され、そのニュースは全国に流れました。加盟議員は一〇月には一〇一名になります。

市民運動とともに真相究明の議員立法に奔走してきた田中甲議員が事務局長に就任しました。田中議員が作成した「国立国会図書館法の一部を改正する法律要項」が提案されました。その後の各党議員との審議を経て完成した法案は次の通りです。

国立国会図書館法の一部を改正する法律案（第一六四回衆第二七号より抜粋）

国立国会図書館法の第六章の次に一章を加える。

第六章の二　恒久平和調査局

第十六条の二　今次の大戦及びこれに先立つ一定の時期における惨禍の実態を明らかにすることにより、その実態について我が国民の理解を深め、これを次代に伝えるとともに、アジア地域の諸国民をはじめとする世界の諸国民と我が国民との信頼関係の醸成を図り、もつて我が国の国際社会における名誉ある地位の保持及び恒久平和の実現に資するため、国立国会図書館に、恒久平和調査局を置く。恒久平和調査局は、次に掲げる事項について調査する。

一　今次の大戦に至る過程における我が国の社会経済情勢の変化、国際情勢の変化並びに政府及び旧陸海軍における検討の状況その他の今次の大戦の原因の解明に資する事項

二　戦前戦中期において政府又は旧陸海軍の直接又は間接の関与により労働者の確保のために旧戸籍法の規定による本籍を有していた者以外の者に対して行われた強制連行の実態

三　戦前戦中期における旧陸海軍の直接又は間接の関与による女性に対する組織的かつ継続的な性的な行為の強制による被害の実情その他の性的強制の実態に関する事項

四　戦前戦中期における旧陸海軍の直接又は間接の関与により行われた生物兵器及び化学兵器の開発、実験、生産、貯蔵、配備、遺棄、廃棄及び使用の実態に関する事項
五　前三号に掲げるもののほか、戦前戦中期において政府又は旧陸海軍の直接又は間接の関与による非人道的行為により生命、身体又は財産に生じた損害の実態に関する事項
六　第二号から前号までに掲げるもののほか、戦前戦中期における戦争の結果生命、身体又は財産に生じた損害の実態に関する事項
七　戦前戦中期における戦争の結果生命、身体又は財産に生じた損害について当該損害が生じた者に対し我が国がとつた措置及び当該損害に関し我が国が締結した条約その他の国際約束に関する事項
館長は、前項各号に掲げる事項につき調査を終えたときは、その結果を記載した報告書を作成し両議院の議長に対し、これを提出しなければならない。

館長は、第二項各号に掲げる事項につき調査を終えるまで、毎年、調査中の事項についての報告書を作成し、両議院の議長に対し、これを提出しなければならない。

第十六条の三　館長は、前条第二項の調査を行うため必要があると認めるときは、関係行政機関の長及び関係地方公共団体の長に対して、資料の提出その他の必要な協力を要求することができる。

館長は、学識者、経験者（国外にいる関係人を含む）に対しても、必要な協力を依頼することができる。

第一項の資料の提出の要求を受けた関係行政機関の長又は関係地方公共団体の長は、資料の提出を拒む理由を館長が受諾した場合と、国家の重大な利益に悪影響を及ぼす旨の内閣の声明が得られない場合は、当該資料を提出しなければならない。

この法案は一九九九年八月一〇日、一一八名の賛成議員を得て、民主党、さきがけ、共産党の各党の代表三人により衆議院に上程しました。

福岡においては、関釜裁判を支援する会が他の市民団体に呼びかけて、「戦争被害調査会法を実現する市民会議・福岡」を立ち上げ、六月二七日に二七名で天神の繁華街で市民に呼びかけながら、一五〇〇枚のビラ配布と一五〇名の署名を集めました。テレビ・新聞各社が取材し、写真入りで報道されました。その後毎月、街頭宣伝、署名活動を行ない世論喚起に努めました。そして法案成立のカギが自民党と連立を組む公明党の働きにあることから、福岡県下の公明党議員に熱心に働きかけ親密な関係を作っていきました。

しかし、衆議院議院運営委員会では同法案は継続審議扱い（審議しないで取り扱わない、いわゆる「吊るし」状態に置かれること）にされ、翌年の六月衆議院解散に伴い廃案になりました。

国会の過半数の議員を擁する与党・自由民主党内、とりわけ「日本の前途と歴史教育を考える議員の会」などは「日本人の被害調査は？」「自虐的なこと」「賠償問題が再燃する」などの反対意見が強く、伝え聞くところによると「このような法案が通って、過去の戦争の実態が明らかにされたら、日本の国の骨格が溶解する」という議員の反応もあったようです。

その後、何回か同法案の上程・廃案を繰り返しましたが、自民党中心の政権下ではほとんど審議入りができませんでした。二〇〇九年九月に政権交代で民主党を中心にした鳩山由紀夫連立政権が成立して、いよいよ同法案の成立が実現するのではないかと強い期待を持ちました。

しかし、日本の過去の克服と平和を目指す「東アジア共同体構想」、沖縄の米軍基地の県外移設を打ち出した鳩山政権は、アメリカに東アジア支配体制からの逸脱という疑惑を持たれ、日本の官僚、メディアなどを巻き込んだ強い批判を受け八カ月足らずで退陣においこまれてしまいました。

戦後補償運動に共に取り組んできた私たちが、最も期待していた鳩山政権下での真相究明法案と日本軍慰安婦問題の立法解決は、この時点で実質絶たれてしまいました。この後に続いた民主党の菅直人政権、野田佳彦政権は官僚支配の政治に逆戻りし、短命で終わりました。

そして、二〇一二年一二月の総選挙で民主党から自民党に政権が移り、あろうことか過去の克服に反対し、戦争放棄の憲法九条の改憲に政治生命をかける歴史修正主義者の安倍政権の再度の誕生を許してしまったのです。この政権のコアな支持者は憲法改正を目指す宗教右翼の統一戦線「日本会議」、嫌韓感情で結ばれたネット右翼たちで、差別的・右翼的なナショナリズムを政権と共有しています。戦後の日本人が何よりも大切にしてきた「平和」が、危機に瀕しています。

こうした時代背景には、凄惨な戦争体験と戦後の平和と民主主義の恩恵を享受してきた世代の多くが社会の第一線から退場し、亡くなりつつあるという事情があります。私たちは立法運動で多くの自民党の政治家にもお会いし、要請行動をしてきました。憲法九条の改正などを主張する右翼的とみなしていた与党政治家の中に、「日本を守る自衛の軍備は必要です。しかし二度と海を越えて行って、戦争することには反対です」という方が意外と多いのに驚いた経験があります。戦後の高度成長期に「大国意識」の自我を形成してきた世代が中心の安倍政権の安保政策にこうした危機感を持っていたのです。しかし、そうした年代の政治家たちは、次々と政界から退場してしまいました。

安倍政権が訴え続けた憲法九条改正には、賛成よりも反対の国民が多いと世論調査で出ています（二〇二〇年五月のＮＨＫ世論調査によると、憲法九条を「改正する必要があると思う」二六％、「改正する必要はないと思う」三七％、「どちらともいえない」三二％）。

自らが受けた戦争被害の体験に根差している限界を持ちながらも、今なお平和を何よりも大切だとしてきた戦後の日本人の意識は維持されています。この意識を変えるために、安倍政権は北朝鮮の日本人拉致問題や、核開発とミサイル発射に対し、国民の危機感をあおってきました。そして二

○一九年七月、韓国での徴用工判決に対して半導体をはじめとした韓国企業への部品輸出規制を強化し、文在寅《ムンジェイン》政権との対立を作り出して、日本国民のナショナリズムをあおり続けました。

5　自国の負の遺産と向き合う勇気を

戦後補償裁判は、日本の過去の植民地支配と侵略戦争がもたらしたアジアの人たちへの被害の実態を知り、謝罪し、賠償することで和解する絶好の機会です。

裁判支援にかかわる中で、私が小さいころ感じた「もう二度と中国人に顔を合わせることができない人間なのだ、日本人は！」という罪悪感を克服する道があることを知りました。

そして戦後補償裁判を通して、アジアの戦争被害者たちが日本と日本人に対して和解の手を差し伸べてくれていると感じるようになりました。差し出された手をしっかり握り返して、真摯に戦後補償をやり遂げることで周辺諸国民との和解を実現し、尊敬される国民に生まれ代われる絶好のチャンスであるにもかかわらず、むざむざとその機会を失いつつあるように感じます。

ご存知のように戦後のドイツは、ユダヤ人大虐殺の真相究明と賠償、収容所などの遺跡の保存と次世代への教育に真摯に取り組むことを通して、周辺諸国民との和解と尊敬を勝ちえ、欧州連合（EU）の中心的な国となりました。

一方アジアでは中国大陸の国共内戦に勝利して一九四九年に社会主義政権の中華人民共和国が誕

生しました。アメリカは中国大陸に蒋介石率いる中華民国が誕生することを想定し、日本国内の工場の機械・設備を中華民国に戦後補償として引き渡し、日本人には生存可能な最低限の物資しか残さない方針でした。中国がアジアの資本主義国・自由主義陣営の中心国として育つ期待を裏切られたアメリカ政府は、社会主義国・中国を封じ込める冷戦構造の構築に東北アジアの戦後政策を転換しました。

その結果日本国は、中国大陸への侵略戦争の賠償を免除され、自由主義陣営の最前線のショーウインドー国として高度経済成長できる経済環境（一ドル＝三六〇円の為替レートが長く維持され輸出立国として成長）に恵まれました。しかし、一九七九年の米中国交正常化、一九九一年末のソビエト連邦崩壊により世界の冷戦構造は崩壊し、冷戦体制下で封じ込められてきたアジア各国の戦後補償問題が噴出しました。そして東アジアの植民地支配下や侵略された国々の被害の象徴として慰安婦問題はクローズアップされ世界の注目を集めています。

問われ続けているのは、日本政府と日本社会が被害者の戦前戦後にわたる被害の告発に真剣に向き合うことです。

一九九三年に東京地裁に提訴した李金珠さんが率いる光州遺族会千人訴訟の出張尋問が福岡地裁でありました。関釜裁判と違って東京での市民の支援運動がない裁判でした。その出張尋問に、私たち関釜裁判を支援する会のメンバーも傍聴に行き、その夜私の家で交流会を持ちました。その席で原告の方が「会長、もう裁判をやめたほうがいいんじゃないか。こんなに親切な日本人がいるんだよ。申し訳ないじゃないか？　こんな人たちを相手にして闘うのは」とおっしゃったのです。「このようなナイーブな被害者もいるのか！」と、とても驚いた経験があります。

被害者たちが一番望んでいるのは、加害者である日本政府が、あるいは日本人が本気に向き合って、自分たちの痛みを理解しようとすることであることを痛感しました。誰だって、恨みを持ったまま死んでいきたくはないでしょう。恨みを晴らして和解して死んでいきたいでしょう。そういう意味では被害者たちは間違いなく和解の手を差し伸べてくれているのだと思いました。

しかし、慰安婦問題の国の責任を否定する多くの政治家や、研究者、日本会議の人たちは、他者の痛みを理解しようとする感受性と自国の犯した罪に向き合う勇気が欠けているようです。その結果、実は日本国と日本人が周辺諸国民から、あるいは世界から蔑まれている現実に気づかないほど内向きになっています。次世代に誇れる日本の歴史を残したいと言いながら、次世代が周辺諸国民から軽蔑される歴史教育を残そうとしています。

何よりも自民党議員の多くが真相究明のための資料公開にさえもおびえて反対し、自己防衛に汲々とする姿勢はとても情けないものでした。「愛国」を語りながら、負の歴史に立ち向かい真の意味で日本の誇りを回復する勇気がなく、逆に貶めていることが理解できないでいることに、言いようのない無残さを感じます。

第五章　朝鮮人強制動員労働者の遺骨調査

1　朝鮮人強制動員労働者の遺骨調査の取り組み

二〇〇四年暮れに日韓首脳会談が行なわれ、盧武鉉《ノムヒョン》大統領から小泉純一郎首相に朝鮮人民間徴用者の日本にある遺骨の調査・返還への協力要請があり、日本政府が取り組みを約束しました。この当時、小泉自民党政権の人気が高く、慰安婦問題や真相究明の立法化も低迷している時期でした。そして日本国内での朝鮮人強制動員の一番多かった福岡県の筑豊地帯は、福岡市と隣接する地帯で、私たちの地元の戦後責任が問われている問題で、座視できませんでした。

三年間ほど筑豊地帯で遺骨調査に取り組み、強制連行に関する従来の歴史認識を根底から揺さぶられる体験をしました。それはこの後、私たちを慰安婦問題の歴史認識の検証に向かわせる貴重な経験でした。本章ではその経験をお伝えします。

強制動員真相究明全国ネットワークの結成

二〇〇二年、広島市から福岡市に移ってきた福留範昭さんが関釜裁判を支援する会に参加しました。彼は九州大学を卒業後、韓国にわたりシャーマンの研究に携わる傍ら、大邱の啓明《ケミョン》大学の日本語講師を務めた経験があり、韓国語に堪能でした。帰国後、広島市の大学で教鞭をとりながら、広島県教職員組合、部落解放同盟広島県連合会らが一九九四年から取り組んだ慰安婦証言集会にかかわり、被害者たちの通訳と世話をし、ソウルの太平洋戦争犠牲者遺族会代表の李熙子《イヒジャ》さんとの連絡に当たってきました。また多くの慰安婦被害者の聞き取りをしてきました。

二〇〇一年、韓国で「日帝強制動員真相糾明特別法」の制定運動が本格的に始まると、被害者団体の関連行事や会議に積極的に参加しながら、そのニュースを日本の市民団体に伝えてきました。人懐っこくて、ハルモニたちに好かれ、戦後補償問題の解決に大きな情熱を持っている人でした。

二〇〇四年三月、韓国国会で「日帝強占下強制動員被害真相糾明特別法」が成立し、先述した同年暮れの日韓首脳会談で、遺骨の調査・返還に日本政府が協力することになりました。

韓国内のこうした動きをずっと追ってきた福留さんから、遺骨の調査・返還を日本政府にだけ任すのでは心もとない、全国の市民団体も協力する体制を作りたいと相談され、共に取り組むことにしました。

一九九〇年代に「朝鮮人・中国人強制連行・強制労働を考える全国交流集会」の世話人をしてい

た神戸の飛田雄一さんに相談して、北海道、東京、大阪、福岡のメンバーで準備会議を持ち、二〇〇四年七月に東京で「強制動員真相究明全国ネットワーク」の結成集会を開きました。全国で強制連行の真相究明や戦後補償運動に取り組んできた一四〇名が集まり、福留さんが事務局長を担うことになりました。この動きに呼応して、全国一の炭鉱地帯がある福岡県において、長年朝鮮人強制動員の地道な調査に取り組んで来られた研究者たちと共に、「強制動員真相究明福岡県ネットワーク」を二〇〇五年九月に結成し、福岡県筑豊地帯を中心に遺骨の調査に乗り出しました。

研究者である在日韓国人の金光烈《キムグァンヨル》さんは、一九四三年に渡日し、五五年に立命館大学を卒業しました。その後、在日一世同胞の消えゆく歴史の調査・掘り起こしを決意し、一九六九年から筑豊のお寺を尋ね歩いて遺骨を調べ、過去帳に記された朝鮮人の記録の調査や、寺の住職や企業からの聞き取りに三〇年間以上専念してきました。資料収集に強い執着を持ち、歴史的事実の裏付けに非常に厳しい方で、朝鮮民族への強い誇りを持ちながら、いささかの誇張や曖昧さも許さない方でした。著書に『足で見た筑豊——朝鮮人炭鉱労働の記録』（明石書店、二〇〇四年）、『風よ、伝えよ——筑豊朝鮮人鉱夫の記録』（三一書房、二〇〇七年）、『「内鮮融和」美談の真実——戦時期筑豊・貝島炭鑛朝鮮人強制労働の実態』（緑蔭書房、二〇一三年）があります。二〇一五年九月にお亡くなりになりましたが、彼が集めた全資料と著作は韓国の国家記録院に保管され、二〇一九年韓国の国民勲章である冬柏《トンベク》章を受勲されました。

横川輝雄さんは筑豊の高校の社会科教師で、筑豊の炭鉱で働いた被差別部落の住民や朝鮮人鉱夫たちに光を当てた教育をしてきました。その傍ら県立図書館に埋もれていた強制動員朝鮮人労働者の資料を調査・発掘し、敗戦直後の「福岡県知事引き継ぎ書」で福岡県に強制連行された朝鮮人の総数が一七万名余であったことを明らかにしました。また一九四四年一月段階の福岡県下の朝鮮人強制動員の実態である企業別の動員数、帰鮮者数、逃走者数、死者数等が記されている福岡県特別高等警察の極秘資料（巻末資料1参照）を掘り起こしました。彼も歴史的事実の特定に厳しい裏付けを求め、一事例の特定に五名の人から聞き取りを行ない、三名が同じことを言及して初めて事実として採用するという方でした。著書に『ボタ山の見える教育——全ての教育活動に解放教育の視点を』（碧天社、二〇〇二年）があります。福岡県ネットワークの活動は彼抜きには語れない方でした。

武松輝男さんは戦後の一九四七年に大牟田市にある三井三池炭鉱に入社し、戦後の日本の労働争議の天王山であった三池炭鉱闘争などの組合活動に従事しながら、戦前の囚人労働や強制連行された朝鮮人、中国人に関する社内資料の収集や聞き取りによる綿密な調査を、会社側の酷い弾圧に屈せず続けました。一九九〇年代に福岡地裁に提訴した三池炭鉱元中国人鉱夫らの裁判に証人として出廷し、壮絶な強制労働の実態を証言しました。著書に『囚徒番号七十号坑夫』（創思社出版、一九八二年）、『坑内馬と馬夫と女坑夫——地底の記録—呪咀』（創思社出版、一九八二年）があります。

長崎県大村市在住の守屋敬彦さんは、北海道の大学で教鞭をとりながら、住友鴻之舞鉱山や北海道炭鉱汽船等の企業資料の収集と研究をしてきました。企業が記した朝鮮人強制動員の実態に関する資料は、これまでの聞き取り調査や朝鮮総督府等の資料に加えて、企業の側から新たな光を当てる貴重な研究です。これまで多くの論文を発表してきました。

この四人の研究者たちと共に福岡県に強制動員された朝鮮人の実態研究ができたことは、学ぶことが多く歴史認識を考える上でとても貴重な経験になりました。

福岡県ネットワークの遺骨問題への取り組み

筑豊地域は福岡市の東にある炭鉱地帯です。明治以降、麻生炭鉱、貝島炭鉱、安川炭鉱などの地場産業が生まれ、中央の大資本である三菱、住友、古川、三井が進出してきて一八九〇年代には一大炭鉱地帯になりました。

これまで在日本大韓民国民団（民団）福岡県本部や大韓キリスト教会の牧師、また地元NGOなどにより、筑豊の寺院に置かれていた遺骨の多くは韓国の望郷の丘に送られました。また北九州や筑豊に作られた供養塔などに移されています。それらの遺骨名簿を収集し分析した結果、強制連行期の成人男子と特定される遺骨は、ごくわずかしかないことが判明しました。

一方、強制動員された朝鮮人労働者の死者がどのように扱われてきたのかを調査するために、筑豊の各自治体に一九三九年から一九四五年の強制連行期間を含む朝鮮人の埋葬火葬認可書の情報公開を求めました。これまでは個人のプライバシーの保護として親族以外の第三者には情報公開は閉ざされていましたが、日本政府が韓国政府の遺骨の調査・返還に協力することになったため、埋葬火葬認可書が保存されている自治体は公開に踏み切りました（これらの資料の保存期間は一〇年前後で、すでに廃棄していた自治体も多かった）。埋葬火葬認可書は飯塚市、宮田町など六地方自治体から、他にも死者の情報が記されている戸籍受付帳が二地方自治体から情報公開されました。筑豊地帯でこれまで保存が確認され、情報公開された地方自治体は以下の通りです。

埋葬火葬認可証　一市五町（市町村合併前の地方自治体名）

飯塚市	四〇三人分	一九三七年～一九四五年（九年間分）
宮田町	四〇七人分	一九三五年～一九五五年（二一年間分）
穂波町	三〇三人分	一九四一年～一九四五年（五年間分）
小竹町	二二六人分	一九三一年～一九四五年（一五年間分）
庄内町	四九人分	一九四五年～一九五六年（一一年間分）
頴田町	一一人分	一九四五年～一九五一年（七年間分）

戸籍受付帳　一市一町

山田市　一四〇人分　一九四五年のみ　（一年間分）
糸田町　二〇人分　一九四一年～一九五七年（一七年間分）

となり、総計一六〇〇人近くの名簿が公開されました。

死者の情報が多く記されている飯塚市の埋葬火葬認可証は、次のような項目が記されています。

氏名、生年月日　（遺族をさがすことができる）
本籍地　（炭坑労働者の認定ができる）
戸主の名前と続き柄、職種　（炭鉱住宅の地名から就業先の企業名が判明できる）
現住所　（遺族が申請すれば墨塗り部分も開示される。）
▲病名（墨塗り）（発病から五日以内の死亡の場合は事故の可能性が高く、
発病年月日　一〇日以内でも事故の可能性があると推測される）
▲死亡年月日　（炭坑内である場合は即死であることが判明できる）
死亡場所　（〇才から一歳までの乳幼児の約半数が埋葬されている。二歳児以
火葬場あるいは埋葬場所　上はほとんど火葬され、例外的に老人が埋葬されている例がある）

病名は、プライバシー保護のためにほとんど墨塗りにされていますが、埋葬火葬認可証から職種の判明や、事故死かどうかの推測が可能な場合が多く、筑豊地域への強制動員の九割以上を占める炭坑での死因解明に役立ちました。前記八市町のうち、戦争中の埋葬火葬認可証を比較的長く保存していた飯塚市（巻末資料2）、宮田町、穂波町、小竹町（巻末資料3）の四自治体の名簿分析を行ない、次のようなことが判明しました。

①子供（特に乳幼児）の死者が多い（一九四五年までの統計）

子供（一五歳以下）の四自治体の死者総数……六二四人（約八割は一歳以下の乳幼児）

成人（一六歳以上）……六七〇人

死者の約半数近くが子供たちである。埋葬火葬認可証の情報を名簿一覧表に打ち直す作業にかかわったメンバーは心が痛かった。栄養不足、密集した炭鉱住宅等の条件から伝染病などの被害を集中的に受けたのであろうと推測されます。

②三自治体の子供の埋葬総数二五〇人（四自治体のうち穂波町は埋葬火葬の記述がないので不明）は火葬総数とほぼ同数。青年や壮年は例外なく火葬され、高齢の老人の埋葬例が二、三見られるに過ぎない。乳幼児の埋葬場所は、地元の日本人共同墓地周辺、あるいは山すそなどにあり、石が墓石代わりに点々と置かれていました。

③強制連行期一九三九年~四三年にかけての四年余の四自治体炭坑労働者死者数……一八〇人
一九四四年~四五年にかけての一年八カ月の同上死者数……二〇五人

一九四四年から四五年にかけて死者が激増しているのが読みとれます。一九四四年三月二二日の三菱飯塚炭鉱史上最大の事故で一挙に三三名が亡くなっていることが、一九四四年から四五年までの死者数を押し上げていることを考慮すると、筑豊全体としては一九四三年までの死者数とそれ以後敗戦までの死者数は同数に近いと思います。

特高資料「労務動員計画による事業場別労務動員調査表　昭和一九年一月末　福岡県」によると、福岡県における一九四三年末までの強制動員された朝鮮人の死者は七一一人です。敗戦までの強制動員企業での死者はこの二倍の約一四〇〇名前後になると推測されます。

この特高資料には、福岡県の炭鉱等に強制連行された朝鮮人のうち半数以上の逃亡が記録されています。北海道などと比較すると逃亡率が非常に高いのは、筑豊は炭鉱が密集していて、朝鮮から移住している労働者も多く、逃亡の手引き、匿い、他の職場への斡旋などのネットワーク機能が比較的高かったからと思われます。炭鉱での事故への恐れや、食事への不満、過酷な労働からの解放を求めて逃亡した人たちは、つてを頼って関西方面に逃げたり、地元の土木現場を転々とするなどしていますが、中には強制動員枠に入っていない中小の炭鉱などで働いて事故で死亡した可能性もあります。

福岡県内の朝鮮人遺骨返還の経緯

福岡県への朝鮮人強制動員数は一九四五年六月末で一七万一千人（一九四五年一〇月福岡県知事引継ぎ書）、そのうち筑豊は約一五万人です。前述したごとく、福岡県内の強制連行朝鮮人死亡者数は一四〇〇人前後です。

一九七三年頃、北九州市にある大韓基督教会小倉教会の故・崔昌華《チェチャンファ》牧師が筑豊の各寺院を巡って遺骨を集め、門司市営墓地の一角にある納骨堂「永生園」に八一体の遺骨を納めています。そのうち一四体が強制動員期の成人男子の遺骨と推測されます。うち八体は鞍手町の真教寺にあった遺骨です。鞍手町には強制動員した大手炭鉱がなく、小山（小さな炭鉱）が多くて、強制動員された企業から逃亡して就業先の小山で亡くなり、お寺に預けられたままになった遺骨が含まれている可能性があります。

一九八二年から民団福岡県本部が数次にわたって県下一円より遺骨を集め、三〇〇体近い遺骨を望郷の丘に納めました。民団より提供された遺骨名簿のうち、強制連行期の成人男子の遺骨として確定できるのは三体のみでした。

二〇〇〇年頃市民団体である「無窮花《ムグンファ》の会」が筑豊一帯のお寺から集めた遺骨を無窮花堂に三〇

体ほど納めています。

強制連行された朝鮮人労働者の遺骨の返還実態

埋葬火葬認可書などに記されていた死者の遺骨が遺族の元に返還されているかどうかを調べました。

三菱飯塚炭坑一九四四年三月二二日ガス炭塵大爆発の犠牲者の遺骨　一〇体
麻生炭坑　一体
浄善寺過去帳の遺骨　四体
日炭上山　一体
（以上は韓国真相糾明委員会・遺骨調査官の協力を得て調査）
明治平山炭坑被害者の遺骨（横川さんが調査）　二体
日炭上山炭坑の遺族を訪ねて（福留さん、横川さんが調査）　三体
合計　二一体

この調査で遺族に連絡ができた場合、遺骨は全て返還されていました。
前述した研究者の守屋敬彦氏が提供した企業内資料による遺骨返還に関する記述には、

住友鴻ノ舞鉱山「半島労務者統理要綱」第一二章第三節　遺骨送還の方法

1　遺骨ノ送還ハ可及的速ナルヲ要スルガ近々其の機会アル場合ハ其ノ機会ヲ待ツモノトスル

2　半島ノ事情ニ精通セル者ニ托シ懇ナル弔問ヲナスト共ニ、十分鮮内郡守面長トモ連絡シ鉱山ノ死亡者並其ノ家族ニ対スル弔意ヲ尽スモノトスル

とあります。また北海道炭坑汽船株式会社の内部資料には、死亡通知や遺骨の返還を丁重にしないと朝鮮の遺族や住民から大きな反発を呼び、継続した連行が不可能であった事例が記されています（北海道大学図書館北方資料室所蔵北炭資料『釜山往復』、昭和一九年）。

韓国の日帝強占下強制動員被害真相糾明委員会のメンバーが調査で何度か福岡に来られました。そのメンバーたちから聞いたことですが、「被害申告の分析や聞き取り調査に携わってみて、大手企業は強制連行犠牲者の遺骨を、関釜連絡船が運航していた一九四四年までは返していることがわかった」とのことでした（一九四五年以降、敗戦までに亡くなった人の遺骨は、敗戦後、同郷の人に託されて遺族のもとに返還されたようです）。

以上から福岡県における強制動員朝鮮人の遺骨は企業によりほとんど返還されていると思われます。

2　筑豊における朝鮮人強制動員の遺骨に関する従来の歴史認識

筑豊地域の田川市にある法光寺には、朝鮮人炭鉱犠牲者の合同慰霊碑「寂光」があります。その中には強制動員が始まる以前から日本に働きに来た人を含めて、朝鮮人の遺骨三〇体ほどが納められていると言われています（当時の住職が代替わりして、詳しくは不明）。慰霊碑の横に市民団体により一九九七年に案内板が建てられました。「……この筑豊に於いても石炭採掘の労働力として約一五万人の朝鮮人が強制的に連行されました。以降一九四五年までの強制労働と劣悪な環境の中で約二万人が坑内事故や病気で亡くなられました」と書かれています。

私たちの調査より一〇倍以上多い死者の数です。この案内板を立てた市民グループはこれまで、「企業は、強制連行した朝鮮人の遺骨を遺族のもとに還さず、野や山に放置したままである」と説明して、筑豊でフィールドワークを長年行なってきました。韓国からもたくさんの方がこのフィールドワークに参加していて、彼らの歴史認識の影響を受けています。

この案内板を立てた市民団体はフィールドワークで、その象徴的な場所として日向墓地に案内します。福岡県田川郡添田町に日向家の墓地があり、「この周辺に古川大峰炭鉱に強制動員された朝鮮人三七人の遺骨が埋葬され、今ではその上に犬や猫のペットの墓と墓標が建てられている」と説明してきました。「死んでまで朝鮮人は犬猫以下の扱いをされている」差別の象徴として、韓国や日本全国から筑豊にフィールドワークに来る人たちの憤慨を誘うところです。他にも、飯塚市にある「住友忠隈炭鉱のボタ山の草むらに、強制連行された朝鮮人五〇体が埋められ、ボタ石が墓碑代わりに置かれている」と言って案内しています。同じく「飯塚市相田で、炭鉱跡地を造成中に発見された遺骨を集め、工事関係者が建立した旅人墓も旧日鉄高雄炭鉱に強制連行された朝鮮人の悲劇を物語る象徴的なモニュメントである」と説明しています。

このような認識の背景には、朴慶植《パクキョンシク》氏が一九六五年に書いた『朝鮮人強制連行の記録』（未來社）があります。刊行後何度も増刷を重ねているベストセラーで、いわば朝鮮人強制連行研究のバイブルのような本です。この本の「死傷状況と遺骨問題」という項目の中で、公的記録である一九四二年の「移入朝鮮人労務者移動調」で福岡、常磐、札幌の炭鉱地帯に動員された朝鮮人の死亡率〇・九％とある、その横の「其の他五・五％」を「行方不明者と思われ、死亡者が多く含まれていると考えられる」として、両者を足して六・四％を死者とカウントし、強制動員朝鮮人の数一〇〇万×〇・〇六四＝死者六・四万人としています。筑豊の市民団体は、こうした朴慶植さんの考えをさらに強調して、筑豊地帯に強制動員された一五万人のうち二万人（一三％）が死んだと立て札に記録したのです。

しかし、「其の他五・五％」とは、先述した福岡県の「労務動員計画ニ依ル移入労務者事業場別調査票」には「其の他　帰鮮者数」とあり、「病気や留守家族死亡、本人結婚、家族呼び寄せ家財整理等で約一か月一時帰鮮を企業が認め、そのまま帰ってこなかった人の数」（守屋敬彦「朝鮮人強制連行死亡者の遺骨・遺族扶助料」『季刊　戦争責任研究』第五五号、より）です。朴慶植さんも後ほど「其の他五・五％」を死者とした誤りに気付き、死亡率六・四パーセント説を撤回します。

前述した研究者の金光烈さんは著書『風よ、伝えよ』で「筆者がそれまでの二〇年間に筑豊のお寺の調査でわかった朝鮮人の全死亡者数（老若男女、植民地下全時期）は約二千二百名という大変な犠牲者である。しかし二万人にははるかに及ばない」としたうえで、「掲示板を立てた人が『犠牲者の数字は大きければ大きいほどいい』と言っている。［約二千二百名は］筆者自身で確認した最も信頼できる数字で、恣意による架空の『二万人』」と対比し参考にしてほしいと思ってここに挙げたのである。何よりも捏造は歴史を誤導する大犯罪なのだ。……捏造の案内板を除去し謝罪すべきだと主張するものである」と書いています。

金光烈さんは同じ本で「日向墓地の事実」にも言及しています。日向墓地に強制連行された朝鮮人三七体が埋葬されている話の出所は、法光寺の案内板を作ったT氏です。T氏は、最初はこの墓地の近くに住む古川大峰炭鉱の炭鉱夫であったと言われる金ギドンさんが「この墓地に朝鮮人が葬られているが、日向家の墓地なので、勝手に葬ることができず、闇に紛れて葬り、墓標も自分にだけわかるように小石や牛乳瓶、棒切れを地面に刺してきた」と証言したそうです。「強制連行された朝鮮人」と言ったわけではありません。そして金光烈さんも金ギドンさんをよく知っていますが、そうした証言は聞いたことがないと言います。他にも聞いた人はいません。この話はさらにT氏により「ここに朝鮮人二人を生き埋めにした」、「朝鮮人に使う赤チンが勿体ないから、瀕死の重傷の朝鮮人に赤チンも塗らずに生き埋めにした」、「三七人の強制連行された朝鮮人が埋められている」と、どんどんエスカレートしていきます。金光烈さんは「マスコミまでが検証もなしに追随しているのにはあきれる」とマスコミによる拡散にも心配しています。

金光烈さんは乳幼児の墓について「儒教的な考え方では『親より早く死ぬのは親不孝者』である。」「『親孝行もせずに、心配ばかりかけて死んでいった者は、どこにでも捨ててしまえ』という考えが、日本の共同墓地周辺に埋葬された子供の墓である。墓石はあっても墓碑銘がないのが当たり前である」、「『日向墓地に朝鮮人の墓がある』とすれば、大人の墓よりもほとんど子供の墓であろう。（中略）日向峠一帯や、古川大峰炭鉱周辺のあちこちで間借りや貧しいバラックに住み、寮名もなく、通称『朝鮮寮』とよばれた『朝鮮人飯場』に寄宿し、炭鉱稼ぎをしていた貧しい人たちの子供たちだろうと思慮される」と書いています。

埋葬火葬認可書の情報公開に快く応じてくれた宮田町の職員が、「埋葬火葬認可書に書かれている乳幼児を埋葬しているところにご案内しましょう」と、私と横川さんを車で日本人の共同墓地に案内してくれたことがあります。山肌の下のほうに切り開かれた日本人の墓の周辺に、自然石が墓石代わりに点々と置かれているのを目にしました。金光烈さんの書かれていることが真実に感じられます。T氏が言う「三七人の強制連行された朝鮮人」の標が「そこにボタ石が三七個ある」というだけで他に根拠がないからです。

同じくT氏らのグループが言う「飯塚市にある住友忠隈炭鉱のボタ山炭鉱跡の草むらに強制連行された朝鮮人の骨が五〇体埋められ、石が墓碑代わりに置かれているという。」という根拠も、ボタ石があるという以外に何の証拠もないのです。

旅人墓に関しては筑豊のあちこちにあり、明治以降全国の炭鉱を渡り歩いていた日本人鉱夫が、事故や病気で亡くなり、遺骨の引き取り手がないときに炭鉱の共同墓地や、旅人墓に納められたものです。強制連行された朝鮮人のように本籍地があり、遺族が待っている人たちが葬られるところではありません。

先述した宮田町の職員は「筑豊は、コレラやチフスなどの流行病が炭鉱住宅などを中心にして流行り、その対策の一環で明治後期に死者の埋葬を土葬から火葬に全面的に切り替えてきました。地方自治体や、大手の炭鉱は火葬場を作ってきました」と語り、当時の資料を見せていただきました。前述した埋葬火葬認可書では死者のほとんどが火葬されていました。例外的に乳幼児やわずかの老人の埋葬があるだけでした。

T氏らの市民グループは、ゴルフ場の造成などの際に発掘された遺骨はすべて「強制連行された朝鮮人の遺骨」と見なし、記者会見をしてきました。しかし強制連行期の労働者の死者は全部火葬されていて、埋葬された遺骨のように原型をとどめてはいません。おそらく筑豊で全面的な火葬が導入される以前に埋葬された、日本人渡り炭鉱夫の遺骨であるか埋葬された乳幼児の遺骨である可能性が強いと思われます。

3 強制動員された朝鮮人労働者の闘い（特高警察資料より）

なぜ、強制動員に関するしっかりした裏付けのない歴史認識が作られてきたのでしょうか。

朝鮮人は、戦時中は「日本人」として強制動員され、過酷で危険な労働や、軍人・軍属として南洋の激戦地に動員され、死亡したり傷ついたりしました。しかし戦争が終わると「外国人」として「軍人軍属の遺族援護法」「戦傷病者援護法」などの戦後補償の対象から排除されてきました。在日朝鮮人は戦後も就職や社会保障制度でも差別されました。植民地支配への反省がなく、なお差別が続く日本の政治と社会にどれほど傷つき、大きい怒りを抱いてきたことでしょうか。加害者側に反省が見られないとき、被害者側が被害を声高に、あるいはオーバーに訴えて怒りをぶつけ、反省を促そうとするのはやむをえないことかもしれません。

しかし一方では、強制動員された朝鮮人労働者たちが差別待遇に対して戦時下で毅然として闘い、理不尽な待遇を許さなかった歴史を十分に知らなかったのではないでしょうか。

研究者の横川輝雄さんが、旧内務省の直轄下にあった特別高等警察が「厳秘」として一九三〇年三月から一九四四年一一月まで出した「特高月報」内の、主として福岡県内炭鉱の朝鮮人労働者の動向に関する記述を調査し、二〇〇七年福岡県ネットワークでの学習会で報告されました。その報告では、強制動員の全時期にわたって、企業側の過酷な労働や不当な処遇に対して、逃走あるいは集団行動などで抵抗し闘っていることがわかります。人間の尊厳を求めた熱い闘いの記録です。

「特高月報」は特高警察が治安維持のための記録として書いた「厳秘」資料で、かなりの事実が書かれているものと思われます。以下特徴的な記録を横川さんの調査報告書より見ていきましょう。

なお「特高月報」の文中には朝鮮人に関する差別的な表現がありますが、本文の通りに記述していることを了解願います。


「募集」という名の強制動員が始まる（「特高月報」一九三九年一一月、一二月分より）

「募集による朝鮮人は、不平不満がある場合は常に集団行動に出る傾向があり、特に対事業主または対内地人の場合においてこのような傾向が顕著であり」「これらの募集による朝鮮人労働者で治安上または協和事業（朝鮮人の日本人への同化政策）で重大な障害を与えたり、内地人や在住朝鮮人に悪影響を及ぼす恐れがあるもの……または各種紛争議の首謀者でその情状が重い者等は……その理由を説明して本籍地に送還する措置を講じている状況である。」

警察が争議を非常に恐れていたことがうかがえます。

「今回の募集により朝鮮人労働者は、鮮内の警察署または邑・面事務所等が素質が比較的良好で、産業戦士として朝鮮を代表すべき者を選抜し、この者たちの輸送にあたっても相当注意を払っているが、それでも、被募集者でない者がこの者たちの中に相当多数混入して渡来している状況である。」

「自由募集」と言いながら警察や村の役人たちの「選抜」といい、団体輸送であるところに「強制性」がうかがえます。

「募集による移住朝鮮人労働者に対しては、鮮内出発に際し、所轄の警察署長あるいはその代理者から、または渡来後は就業地所轄の警察署長またはその代理から、それぞれ銃後の産業戦士である心構えに関して懇切に諭しているにもかかわらず、渡来後またはその途中で逃走して行方不明になったものは、既に四九二名の多さに達している状況である。その原因について案ずるに、概ね次のようである。

1　最初から内地渡航の手段として応募した者

2　応募後、内地在住の知人から渡航後は逃走してきなさいと通信を受けた者

3　就業地に至る途中、他人から炭鉱・鉱山等の作業は危険だから他の有利な職業に斡旋してやると誘拐された者

4　炭鉱・鉱山等の作業に恐怖を感じた者

5　炭鉱・鉱山等の作業が過労であることを嫌悪した者
6　募集の際の労働条件と実際とが相違しているとした者」

以上のように、自分の生命や生活を守るために多数の人が逃走しており、福岡県の場合は事業所からの逃走が五〇％以上にも達している。これも抵抗や闘いのありようです。

労務係の更迭（同前）

「遠賀郡水巻町の日産化学工業所の高松炭鉱で、朝鮮人労働者四〇〇人のうち二〇〇人が参加した紛争である。労務係が無断外出しようとした朝鮮人労働者二人を制止し殴打したため、これを聞いた同僚の朝鮮人たちが労務係詰め所に押しかけた。労務係は大型の小刀をもって虚勢を示すなど、不穏な形成になった。そこで所轄署が説得し、労務係の言語が不通であったための誤解に基づいて紛争化したもので、労務係の更迭によって円満解決した。」

長時間労働へのサボタージュ（同前）

「遠賀郡香月町の金丸大隈炭鉱での朝鮮人労働者五四人のうち二三人が参加した争議である。会社側が一月中に八日間の出炭報国週間を実施し、一二時間から一五時間稼働させた（募集契約では一二時間）ところ朝鮮人労働者は不平不満を言っていたが、終了後一月二一日に会社が賃金支払い明細書を説明し、本籍地送金や貯金を図ったところ現金渡しを主張して譲らず、一応交付させた後、大勢の意をもって五一人が会社の阻止を顧みず映画見物と称して大挙外出するの挙に出た。そしてまた、炊事係の起床が遅れたことをきっかけに二三人が一斉に怠業した。警察や会社の説得によって解決した。その後、所轄署で調査の結果、三人の扇動者の介在が判明したので、送還の予定である。」

一日の労働時間が契約においてすでに「一二時間」であったこと、実際は、一五時間もの長時間労働を強いていたことがわかります。また賃金は「貯金」させたこともわかります。正月だから現金が必要であったのでしょう。闘いで交付させたのですが、「首謀者」たちは送還させられました。

これ以外にも各就業所において、訓練の緩和、自由外出の承認、現場指導員の態度是正などさまざまな要求で闘っています。

空腹に対する闘い（同、一九四〇年六月分より）

この頃からすでに「米穀規制」という名の「食料統制」が始まり、以降朝鮮人労働者の「空腹」の解決のための闘いが続発します。この月の月報には、福岡県下だけで一一件報告されています。その中に以下のような記述があります。

「嘉穂郡碓井町の明治工業平山炭鉱第二坑で、六月一日から米穀割当配給実施により、一人四合余りの給食となり、不足分は代用食で補ってきたが、六月三日、一番方として入坑すべき朝鮮人労働者三七人は、空腹を理由に、就労を拒否し罷業（ストライキ）した。」

官斡旋方式による強制動員下の闘い（同、一九四二年四月分より）

「小倉市の小倉陸軍造兵廠では、労務充足のため昨年一〇月以来朝鮮軍司令部と朝鮮総督府の斡旋の下に、数次にわたり朝鮮人工員五二八人を集団移入したが、多数の逃亡者また事故送還者を出し、当局においても残留工員の指導に尽きることなく気を配っていたが、依然として稼働はよくならず、作業を避けたり、職務に怠慢なものが次々に出たため、稼働の見込みないもの一九人をさらに解雇し、本籍地に送還し、残留は一九八人に減少し、なお残留中にも帰鮮を希望して怠業の態度にでるものあって、解雇を要する者は、なお相当ある模様である。」

惨憺たる強制動員の姿であり、軍を相手にした闘いです。

一九四二年、四三年にかけて福岡県下で紛争・争議だけでも毎月六〜八件が挙がっています。

多発する労働争議（同、一九四四年四月分より）

アジア太平洋戦争末期には、熟練労働者不足、資材の劣化、空腹などの悪条件下で労働争議が続発していきます。

「移入朝鮮人労務者の労働紛争議は続発しつつあって、本年一月以降、八七件（全国で）の多数を示すのが実情で、その動向は相当に留意するべきである。」

このころになると「労働者」が差別的な「労務者」という表現に変化しています。

そして軍までもが出動する大きな争議が筑豊で発生します。

「田川郡川崎町の古川・大峰炭鉱第二坑で、三月一三日午前六時に同坑指導員五人が、移入朝鮮人の入坑前の検診に際して、窃盗や逃走の容疑がある李山興麟（三五歳）を発見し、詰め所に連行して殴打し、遂に同人は午後一時三〇分に死亡した。本事件の発生に甚だしく狼狽した炭鉱側は、検察当局に直ちに連絡せず善後処置を考究中、早くもその事実を聞いた同僚朝鮮人四五人は班長らの扇動もあって、極度に憤慨し各自が棍棒をもって、同日午後五時二〇分頃に、被害者を収容していた同炭鉱附属病院や指導員詰め所に大挙して襲撃し、指導員四人に重軽傷を与え、窓ガラス一三一枚を破損した。さらに同坑寄宿舎にいた朝鮮人労務者二七〇人もまた付和雷同して動揺の極に達した。

さらに坑内作業中の移入朝鮮人労務者約四〇人もこの事実を伝え聞いて昇坑してきて、各自棍棒等をもって不徳の挙に出ようとするに至って、炭鉱側は初めて所轄警察に通報した。

所轄田川署は特別警備計画にもとづき、署員の非常招集を行い、四〇人の警官を動員して炭鉱に急行し、事件関係者指導員一〇人、集団暴行事件関係移入朝鮮人四五人を検挙し、その他の者に対しては鎮撫に努めた結果、同日午後七時三〇分頃完全に平静になったので、その後の警戒や入坑督励にあたった。しかし本件に関連して注目されるのは、炭鉱側は事件発生を田川郡添田町にある筑豊鉱山地帯特別警備部隊である西部六七九九部隊（常備編成将校三人、下士官二人、兵士二人、必要に応じて在郷軍人を招集）にも報告したため、同警備部隊は隊長以下一三人の武装兵を出動させたことであった。（中略）約一時間で炭鉱から撤収した。翌日午前四時二〇分頃、同隊の准尉以下一〇人が引き続き現場に来て、「軍は独自の立場で警戒任務に就く」と称して寮内要所に着剣して立哨警戒に服し、同日午後引き上げた……」

炭坑側が軍の出動を要請するほどのすさまじい朝鮮人労働者たちの闘いでした。

徴用期（同、一九四四年一一月分より）

いよいよ日本側にとって重大な局面が記述されています。

「移入朝鮮人労務者就労状況は、概ね良好であるが、なお一部には依然として各種紛争が起きており、本月一一月中における発生件数は二四件で、参加人員は二四二九人に及び、本年一月から本月末までの累計では、全国で発生三〇三件、参加人員一五二三〇人という多数に上る。」

徴用方式連行について次のような記述があります。

「朝鮮人労務者の移入計画の緊急な充足をねらって……徴用によって労務者の供出をしているが、

最近の鮮人労務者の中には、中学校以上の学歴を有するいわゆる知識階級や有識的職業に従事しているものが相当あって、岡山県下の三井・玉野造船所他二事業場における移入鮮人労務者についてみると、三二五三人中四六七人で一四％を占める状況である。そして民族意識が濃厚な者がいて、些細なことを取り上げて会社側や内地工員と対立的に扇動して民族主張をしたり、勤労意欲に欠け、労務管理上著しい障害を与えているのは注目すべき傾向である。また応徴者の中には、不健康者が多数混入し、前記岡山県下における状況を見ても、再診の結果、胸部疾患、精神分裂、性疾患等の勤労の見込みがなく、徴用を解除して本籍地に送還した者は八一人になる状況で、鮮内における供出労務者の質的選考がいい加減であることがわかる。

さらに、これらの鮮人労務者の中には厳寒を目前に控えた内地渡航にもかかわらず、着替えの衣類さえ持参していないものが多く、移入後、事業主側にその対策が充足不能の場合には、その動向が憂慮される。」

知識階級が増え、さらに肉体労働者が払底してきていて徴用方式の連行自体も不可能なこと、着替えも持っていないといいながら、日本側にもそれを充足する力がなくなっている、敗戦前の末期現象を呈しています。

強制動員期を通じて、一歩一歩進んでいった朝鮮人の抵抗と闘いの根本は、人間としての誇りを傷つけることを許さないことであり、理不尽な扱いに決して甘んじることはありませんでした。そして企業も、警察もそうした朝鮮人の働き抜きには軍需物資の生産は成り立たないがゆえに、朝鮮人炭鉱労働者たちの懐柔策としてよりソフトな労務管理や、死亡通知や遺骨返還もできるだけ丁寧に対応せざるを得なかったのでしょう。（横川さんの学習会用レポートより）

一方、関釜裁判の原告たちである女子勤労挺身隊員は、小学校六年生から卒業後一〜二年ぐらいの幼い少女たちで、理不尽な会社側の約束反故や、飢え、きつい労働、給料未払にも抵抗できず、病気やけがで一時休めるぐらいでした。逃走する者もいましたが、姜徳景さんのように憲兵につかまり、松代大本営の工事現場に作られた慰安所に送られた痛ましい例もあります。

一九九二年以来三〇年近くも、仲間たちの死をも引き継いで闘い続けてきた原告たちの怒りが、勤労挺身隊時代に「抵抗することすらできなかった無念さ」にもあることに、今更ながら気づかされます。

第六章　慰安婦問題の歴史認識の検証と立法解決に向けた活動

二〇〇三年三月、関釜裁判と在日の元慰安婦裁判が最高裁で棄却決定されました。暮れにはフィリピンの慰安婦裁判も同じく棄却決定されました。

この最高裁棄却決定で、「裁判ではやはり勝てなかった」という悔しさを抱き、立法運動に踏み出すことになりました。同年一一月二二日、私たちは「従軍慰安婦問題と取り組む九州キリスト者の会」と共催して、慰安婦問題の立法解決を考える集会を東京から有光健さんと梁澄子さんを招いて持ちました。

有光さんは、国会で初めて慰安婦問題の解決を提起してきた本岡昭次議員らが作成した「戦時性的強制被害者問題の解決の促進に関する法律案」（巻末資料4）を、二〇〇一年以来参議院に議員立法で提出し続けてきた経過を話されました。この法案は満州事変、日中戦争、太平洋戦争期に旧日本陸海軍により組織的・継続的な性的強制の犠牲になった植民地や占領地の女性たちについて、日本政府が真相究明と謝罪・賠償等を通して被害者の名誉の回復を図るもので、被害当事国との協議と了解のもとに解決を図る内容です。

日本人慰安婦は対象になっておらず、結果的に排除されていることに疑問の声が寄せられました。新聞で集会案内を見た元軍人の方から電話があり、福岡市内の被差別部落から軍人の看護婦にと騙されて慰安婦にされ、すでに亡くなっている人たちがいることを知らされました。そしてなぜ日本人慰安婦は対象にならないのかと問われました。そうした日本人慰安婦たちが名乗り出ることができないできた、これまでの私たちの慰安婦認識と運動の問題点を問われるものでした。

今後「戦時性的強制被害者問題の解決の促進に関する法案」の早期成立を目指しながら、日本人慰安婦の問題も考えていくことにしました。東京と連絡を取り合って福岡でできることをしようと集会で呼びかけ、「早よつくろう！『慰安婦』問題解法・ネットふくおか」を発足させました。

1 「早よつくろう！『慰安婦』問題解決法・ネットふくおか」の活動

国会議員が地元に帰っている年末年始に直接お会いして、「戦時性的強制被害者問題の解決の促進に関する法律案」の早期制定への協力要請をしました。福岡県選出の国会議員二四名全員に面会依頼書を送り、協力を要請しました。総選挙直後の年末年始で議員のスケジュールが空かないなか、衆議院議員の楢崎欣弥さんと藤田一枝さん本人と松本龍さんの議員秘書に会っていただきました。翌二〇〇四年三月には神本美恵子さん（参議院）にお会いしました。議員との面会では被害者の思いと焦燥感、次々と亡くなっている現実、国民基金では解決できていないこと、最高裁で三つの裁判が上告棄却されたことを伝え、「『戦時性的強制被害者問題解決促進法案』が参議院で何度も提出され集中審議までされているので、成立のためにぜひ協力して欲しい」と訴えました。三人の議員は要請を快諾し、国会で質問してくれることになりました。

そして二〇〇四年三月一日、藤田議員は衆議院予算委員会で川口順子外相に「女性のためのアジア平和国民基金」について質問に立ちました。国民基金による「償い金」の国別受取り者数が公表できず解決に至ってないことや、インドネシアに対しては慰安婦被害者への補償ではない「高齢者福祉事業」への拠出金となったことの問題点などを追及し、「本来国がやるべき事業を国民基金にやらせたことに無理があったのではないか」と慰安婦問題の早期解決に向けて国の方針転換を求めました。答弁に立った西宮伸一参事官（アジア大洋州担当）が答弁に窮する場面も見られました。衆議院の質疑で慰安婦問題が取り上げられたのは三年ぶりでした。インターネット中継が行なわれ感動して聞きました。

同年三月三日に「戦時性的強制被害者問題解決促進法案」の早期制定を求める緊急院内集会」が開かれ、議員本人は一一人（衆院五人・参院六人）が参加、秘書約一〇人参加で椅子が足りなくなる盛会でした。福岡からは藤田、楢崎、神本議員が参加され、それぞれ報告と決意表明がありました。その後の国会で楢崎議員が戦後補償の必要性について、神本議員が慰安婦問題を教育で教えることの重要性について国会質問をし、国の責任を追及しました。

私たちは福岡市の繁華街の天神で、「真相究明法案」と慰安婦問題の立法解決の必要性を訴える街頭宣伝に繰り返し取り組みました。

しかし二〇〇二年に小泉首相の朝鮮民主主義人民共和国（以下、「北朝鮮」）訪問で、日本人拉致問題が明かになり、北朝鮮への非難が社会的に巻き起こりました。加害責任論の裏返しとして、北朝鮮による主権侵害・日本人被害論が噴出し、メディアによる過剰なまでの報道の中で、「新しい歴史教科書をつくる会」や「北朝鮮による拉致被害者を救う会」らの狭小なナショナリズムが世論を席巻していきました。加えて北朝鮮政府は二〇〇三年一月に核再開発とＮＰＴ（核拡散防止条約）撤退を表明し、アメリカのブッシュ政権より「悪の枢軸国」とされ厳しい圧力が加わり、日本国内の「北朝鮮脅威論」が加速し、極めて攻撃的な北朝鮮バッシングが横行する異常な事態になりました。リベラルな社会論調が音をたてて崩壊し、剥き出しの差別発言が世間受けを狙って横行しました。在日コリアンへの民族差別、脅迫が後を立ちません。戦後補償運動、平和運動、人権擁護運動等全てが守勢に立たされ、後退戦を余儀なくされていました。

このような世論を背景に、日本政府はアメリカ政府と共に北朝鮮への「圧力」外交に転じ、拉致被害者家族会や「北朝鮮に拉致された日本人を救出するための全国協議会」（通称「救う会」）は更なる経済制裁を求め世論喚起に走りました。アメリカ政府による北朝鮮核施設の無条件廃棄を求める圧力外交の強化と、北朝鮮の核開発を背景に体制保障の交渉を求める「瀬戸際外交」は、武力衝突の危機をはらみながら不気味に対立が進行しました。「話してわかる相手ではない」として金正《キムジョン》日《イル》体制の打倒すら射程に入れて圧力外交を求める世論が高まっていきました。戦後補償運動に取り組んで一〇余年をへて、原告たちの望みを実現するどころか、再び戦争被害者を生み出しかねない状態でした。

こうした事態を何とか打開したいと、私たちは日朝関係の平和的な解決に向けた取り組みを開始しました。二〇〇三年九月二日に「私たちの住む北東アジアを戦場にしないため～日朝関係の平和的な解決を目指す集会」を、北朝鮮の核問題をめぐる国際政治学の第一人者である李《イ》鍾元《ジョンウォン》立教大学教授をお呼びして開催しました。日本社会を覆う異様な拉致報道の中で、閉塞感と焦燥感を募らせていた市民二〇〇名が詰めかけ会場は一杯になりました。共に考えることができ、意見を言える場をいかに待ち望んでいたかがうかがえました。李鍾元さんは、「六カ国協議や、韓国や中国のアメリカ政府への働きかけ、アメリカ政府の北朝鮮政策が圧力一辺倒のネオコン主導から国際協調主義に変化していて、圧力一辺倒の日本政府の無策が国際的に露呈されてきている」と話されました。その後デモ行進や、街頭宣伝で「二〇〇二年の日朝ピョンヤン宣言に沿って日朝国交回復を実現していく中で、拉致問題の平和的な解決を！」と訴えていきました。しかし二〇〇一年から二〇〇六年まで続いた小泉政権の期間は、イラクへの自衛隊派兵など日米同盟を強める一方、対北朝鮮への圧力外交が続きました。

国内で小泉政権は新自由主義の経済政策で正社員を切り捨て、低賃金の不安定な非正規社員を生み出して行きました。彼らの怒りを「自己責任論」で抑え込み、政治的・社会的弱者である在日外国人や生活保護受給者らに向けさせ、差別と排外主義に誘導していきました。結果としてリベラルな中間層が細っていきナショナリズムが高まり、慰安婦問題や真相究明の立法解決への動きは低迷していきました。毎年訪韓し原告にお会いしながら、原告たちに明るい展望を伝えられないとても心苦しい時期でした。

この期間、前述した強制動員朝鮮人の遺骨調査にもかかわってきました。その結果、既存の朝鮮人強制連行などの歴史認識がいかに根拠のないものであるかを思い知らされました。この経験が私たちに慰安婦問題の歴史認識の検証に向かわせました。日本社会の排外主義的なナショナリズムの核には、慰安婦問題をめぐる吉田清治氏の済州島での軍人と共にした「慰安婦狩り」に象徴される、「裏付のない歴史認識が日本の国を必要以上に貶めている」とする反発がありました。部分的な間違いを取り上げて、慰安婦問題への軍や国の責任まで否定する歴史修正主義がリベラルな層にまで広がり、嫌韓感情が雑誌や本、漫画やインターネットを通して社会にあふれるようになっていました。

小泉政権が終わり、代わった第一次安倍晋三政権で年金をめぐる官僚のずさんな処理が明るみに出て官僚支配の政治への国民の不信が高まり、二〇〇七年七月二九日に行われた参議院選挙で自民党は大敗し、「官僚支配の政治からの転換」を訴えた民主党が第一党になりました。戦後初めての本格的な与野党の逆転が実現したのです。近い将来、真相究明法や慰安婦問題の立法解決に取り組んできた民主党政権の誕生があるかもしれないという予感がしました。

国会での慰安婦問題の立法解決に備えて歴史認識の正確な検証の必要性を痛感し、取り組むことにしました。議会内外で慰安婦問題に関する裏付けの薄弱な歴史認識が主張されていて、慰安婦問題の国の責任を否定する側からの批判を招くような事態が法案審議の中で生じるのを憂慮したからです。

慰安婦問題への国の責任を否定する論客である秦郁彦著『慰安婦と戦場の性』(新潮選書)を批判的に検証する学習会を二〇〇八年三月より一年間かけて行ないました。

2 日本軍慰安婦問題の歴史認識の検証

慰安婦被害者がカムアウトする以前に書かれた千田夏光『従軍慰安婦』(双葉社、一九七三年)、金一勉《キムイルミョン》『天皇の軍隊と朝鮮人慰安婦』(三一書房、一九七六年)、吉田清治『私の戦争犯罪』(三一書房、一九八三年)、西口克己の小説『廓』(第1〜3部、三一新書、一九五六年、五八年)が日韓両国のマスコミや、市民運動の慰安婦問題の歴史認識形成に大きな影響を与えてきました。

しかし、これらの本は研究者ではなく元新聞記者や作家たちが伝聞や推測に基づき書いたもので、さらに読者を刺激するための誇張が多い商業主義で書かれた面もある、とても不正確なものでした。

一方、一九九〇年代半ば以降、「新しい歴史教科書をつくる会」を中心とする学者やジャーナリストらが、こうした書籍の過ちを取り上げて批判し慰安婦問題の軍や国の責任を全否定する主張を行ない、本屋にはその類の本や雑誌が大量に平積みされて売られるようになりました。

そして慰安婦問題をめぐる日韓両社会の歴史認識の対立が、両国のナショナリズムの負のスパイラルの根底に横たわる容易ならざる状況を作り出してきました。

しかし、慰安婦問題の解決を求める日韓両国の運動圏内部において、このような認識や危機感が必ずしも十分に共有されていない状況があります。とりわけ加害国日本政府に立法解決を求め、公的な議論に耐えうる慰安婦問題の認識・宣伝を展開するとき配慮しなければならないことは、誇張を避け、歴史修正主義者に足元をすくわれないようにすることでした。

日本軍慰安婦と挺身隊の違い

慰安婦と勤労挺身隊の違いに関してはすでに書いてきました。戦時下で軍需工場に動員された女子挺身隊の数は、日本人は四七万二五七三名（「終戦時における労務動員状況」『労働行政史』第一巻より）で、「志願」という形で日本に動員された朝鮮人は約二〇〇〇名たらずでした。

植民地支配下の朝鮮では、戦前の一九四四年から女子勤労挺身隊の動員が学校や地域で始まり、軍人の性の相手にされるという噂が広がりました。一九四四年六月二七日付の朝鮮総督府官制改正に関する内務省の閣議用説明文書に「……未婚女子の徴用は必至にて、中には此等を慰安婦となすが如き荒唐無稽なる流言巷間に伝わり」との記述があります。戦後もこうした認識が韓国社会で続きます。一九四六年五月のソウル新聞記事には「娘たちを女子挺身隊または慰安部隊という美名のもとに、日本はもちろん、遠く中国や南洋などに強制的にあるいはだまして送り出した事実を指摘できるだろう。歯がみするようなこの事実を、我々はまだ記憶している。この淪落の淵にさまよっていた彼女たちは光復後、どうなったのだろうか」（韓国在住の言語心理学者・吉方べき氏訳）と書かれています。この後も慰安婦被害者は「挺身隊」という表現で新聞、雑誌、小説などで描かれてきました。

一方、「慰安婦」という表現は、五〇〜八〇年代の韓国紙では、主にアメリカ人兵士に対する性産業従事女性の意味で使われてきました。（「（慰安婦問題を考える）挺身隊との混同、韓国では　韓国在住の言語心理学者・吉方べき氏に聞く」『朝日新聞』二〇一六年三月一八日記事）

慰安婦被害者の総数は

千田夏光著『従軍慰安婦』では「一九四三～四五年まで挺身隊の名のもとに若い朝鮮人約二〇万人が動員され、うち五～七万人が慰安婦にされた」、「日中戦争当初からすると総計一〇万人をはるかにこえていたはずである」と書かれています。慰安婦の大量動員は日中戦争突入後の一九三八～三九年と太平洋戦争突入後の一九四二～四三年です。この本では慰安婦＝挺身隊説に縛られて、四三年末から四五年に主たる動員がなされたと錯覚しています。

金一勉著『天皇の軍隊と朝鮮人慰安婦』では、千田夏光氏が挺身隊として挙げた朝鮮人女性を乱暴にもすべて慰安婦とみなし、「このようにして連れ出された朝鮮の婦女子の数は推定一七万～二〇万人と見ている。」とエスカレートしていきます。さらに「日本軍隊の慰安を円滑ならしむため『ニクイチ』を目標とする。すなわち将兵二九人に対して女子一人の割合を理想とする」として「慰安婦二〇万そのうち八～九割が朝鮮人」説を打ち出します。

釜山の日本領事館前に慰安婦少女像を設置した人たちは、「日本軍の性奴隷にされた朝鮮人少女二〇万人」と説明していて、韓国では金一勉氏の説が一般社会のみならず、運動体や研究者の間でも共有されているようです。

慰安婦問題研究の第一人者である吉見義明氏は『従軍慰安婦』（一九九五年、岩波新書）で、一〇〇人の兵に一人の慰安婦をめどにしていたことから、アジア太平洋戦争期に慰安所に通うことができた兵三〇〇万人÷一〇〇人＝三万人、これに契約期限満了による引退や慰安所での死亡、自殺、逃亡、病気等のための交代率一・五として四・五万人ぐらい、前線の小部隊が自前で調達した「慰安婦」を加えると五万人が下限となる、としています。また他にも、三〇人の兵に一人の慰安婦と推計して三〇〇万人÷三〇人＝一〇万人、交代率を二として二〇万人となる、と書きました。韓国の運動体や社会は被害が大きい二〇万人説を選び「日本の良心的な学者も二〇万人と言っている」としてきました。しかし吉見さんは日本で民主党への政権交代が起きた直後に出版した『日本軍「慰安婦」制度とは何か』（二〇一〇年、岩波ブックレット）では二〇万人説にはふれず、「少なく見積もっても五万以上になる」としています。

一方慰安婦問題否定派がよりどころとする研究者の秦郁彦氏は『慰安婦と戦場の性』で母数となる兵士の数は二五〇万人（一九四四年末には南方は全軍敗退期に入り、その数カ月前から満州、中国、内地から送りこまれた増援部隊は着くとすぐ決戦場へ投入され、慰安所へ通う余裕はなかったので母数三〇〇万人は多すぎる）とします。そして一五〇人の兵に慰安婦一人とすると二五〇万人÷一五〇人＝一・六万人となり、満州、中国は一・五交代、南方は交代なしと想定して二万人前後、「軍民共用」の慰安所も入れると二万数千人とします。

私はこの問題に、兵士たちが慰安所に通う回数からアプローチして検討しました。南京大虐殺の研究で有名な笠原十九司氏や、第二次大戦から二九年を経て、フィリピンのルバング島から日本へ帰還を果たした小野田寛郎氏らは、「兵士たちが慰安所に通えたのは月に一回か、せいぜい二回」と推測・回想しています。

敗戦時一九四五年の軍人の給与は、一番下の階級の二等兵で乙種合格が六円、甲種合格が九円、一等兵九円、上等兵一〇円五〇銭、兵長一五円、ここまでが兵士で、この上は下士官で三二円から七〇円までに分かれます。日本軍の大多数を占めるのは徴兵された兵士たちです。日中戦争がはじまった一九三七年ごろは、さらに低い給与でした。当時の軍需工場などに動員された女学生の給与が三〇円ぐらいでした（名古屋陸軍造兵廠史・陸軍航空工廠史より）。兵士たちは食事や衣服は軍から支給されていたとはいえ、とても薄給でした。

将校たちは一番下の少尉が七〇円、一番上の大将が五五〇円で乙種二等兵と比べると一〇〇倍近い差があるすごい階級社会でした。

この基本給に、戦地に送られた兵士たちには「戦地加算」が付き、甲種二等兵の場合一〇円、ベトナムやインドネシアの戦地に送られた場合は一一円、さらにビルマなどの激戦地では一二円が基本給に追加されます。しかし、多くの兵士たちは働き手の抜けた留守家族に給与を送金し、手元に残る金はうどんを食べたり酒を飲むぐらいの小遣い銭で、慰安所に通えるのは月に一回か、せいぜい二回であったというのは事実でしょう。

戦争末期のアジア各地に動員された日本軍の総数は約三〇〇万人で、兵士が月に平均して一・五回慰安所に通うとすると延べ四五〇万人、一日にすると約一五万人前後が慰安所に通うことになります。先述した吉見さんの分析に従い「兵士一〇〇人に一人の慰安婦」とすると、この時期の兵三〇〇万人を相手にする慰安婦は三万人となり、一五万人÷三万人で、慰安婦が一日に相手にする兵士たちは平均五人となり被害者たちの平均的な証言よりやや少なくなります。

これが慰安婦総数二〇万人となると、交代率を一・五とすると二〇万÷一・五＝約一三万人となり、これが敗戦前の日本軍が一番多い時期の慰安婦数です。この時期の慰安所に通う一日の兵士の数が約一五万人で、軍人一五万人÷慰安婦一三万人＝一・一五で、慰安婦一人が一日に相手にする兵士の数は一人に近くなります。これまで慰安婦被害者が相手にしなければならなかった兵士の数は「平日で一〇人以内、日曜日には何十人も相手にしなければならなかった」との証言とあまりにも違いすぎます。

このうち朝鮮人慰安婦数は、韓国では「慰安婦総数のうち八割が朝鮮人」と言われています。これも金一勉氏が「慰安婦の八割〜九割が朝鮮人である」と書いたことを根拠にしているのでしょう。金一勉氏は、日中戦争が始まった直後に軍に招集された麻生徹男軍医が一九三九年六月に軍人の性病予防に対する提言として書いた「花柳病の積極的豫防法」を参考にしていると思われます。（麻生徹男が生前に書いた文章を集めて一九九三年に福岡市にある石風社より出版された『上海より上海へ』の後書きで、娘の天児都さんが「父麻生徹男が……千田夏光氏や金一勉氏、吉田清治氏などとも知り合うようになった」と書いています。)

この中で、一九三八年一月、上海で新たに慰安婦になる一〇〇名(朝鮮人が八〇人、日本人が二〇人)の女性の性病検査した個所を参考にしているのではないかと思われます。しかし、この時に検査した一〇〇名の女性のうち、たまたま朝鮮人女性が八〇人、八割であったというだけです。慰安婦全体のうちの朝鮮人の比率を書いたのではありません。ましてこの時点では日中戦争は始まった直後で、中国人女性や、一九四一年暮れに始まった太平洋戦争下で日本軍慰安婦にされた南方アジアの女性たちは視野にありません。

包括的な統計資料は存在しませんが、日本軍による占領下の各地の被害からすると、朝鮮人慰安婦は多かったが日本人慰安婦も占領地の女性も多かったと私は思っています。朝鮮人慰安婦の実数は二万人前後ではないでしょうか。

これまで、慰安婦総数について問題提起をすると、必ず「被害者の数の多少が問題ではない。たとえ少なくても許せない犯罪だ」、「慰安婦一人が兵士何人を相手にするという議論は、女性としては聞くに堪えない!」と怒ったり、批判したりする人がいて冷静な議論ができませんでした。慰安婦問題を否定する歴史修正主義者たちが慰安婦総数をできるだけ少なく主張し、日本軍や国の責任を小さくしたり、否定することへの反発や怒りがあるからでしょう。しかしこうした批判をする運動家や研究者は権威のある運動体の発言に拝跪する傾向が強く、自ら検証することがないのは残念なことです。

慰安婦総数が、二〇万人でなく五万人であっても、日本国の犯罪や責任が減少することはありません。被害者一人一人のかけがえのない尊厳と人生が損なわれたことの痛みが変わるわけでもありません。ただし、事実からあまりにかけ離れた主張は、残念ながら歴史修正主義者たちの格好の批判の対象になり、日本国内に嫌韓ナショナリズムが広がる原因になります。そのことを私は深く憂慮します。

慰安婦被害は「強制連行」であり「性奴隷」

一九八三年に吉田清治氏が自身の体験として書いた『私の戦争犯罪』で、「一九四二年労務報国会下関支部動員部長になり、軍の命令で済州島で軍人と一緒に奴隷狩りのごとく暴力で女性二千人を強制連行し、慰安婦にした」とする内容は大きな衝撃を与えました。この本は韓国でも一九八九年に出版され、彼は九二年八月一三日には金学順さんに面会し土下座して謝罪しました。また望郷の丘に謝罪碑を建てるなどのパフォーマンスで、日韓両国に広く知れ渡りました。

「慰安婦狩り」の舞台とされた済州島の済州新聞の許栄善《ホヨンソン》記者は、一九八九年八月一七日済州島城山浦に住む八五歳になる女性から、「二五〇余戸しかないこの村で一五人も徴用されたとしたら大事件になるが、当時そのような事実はなかった」という証言を紹介し、また同記事で済州島の郷土史家・金奉玉《キムポンオク》氏も「この本が日本語版で出版された一九八三年から、何年間か追跡調査してきた結果、事実でないことを発見した。この本は日本人の悪徳ぶりを示す軽薄な商魂の産物である」と述べています。

この事実を秦郁彦氏が済州島で調査して、一九九二年月刊誌『正論』六月号で「従軍慰安婦たちの春秋」として発表、産経新聞も要点を報道しました。

朝日新聞は二〇一四年八月五日付け記事で「『済州島で連行証言』裏付け得られず虚偽と判断」として、過去に吉田証言に関連した記事一六件を取り消し、「同年四月から五月にかけて済州島の七〇代後半から九〇代の四〇人から話を聞いたが強制連行したという吉田の記述を裏付ける証言は得られなかった」と発表しました。

一九九二年の秦郁彦氏による新聞や雑誌での吉田証言の否定以降、「軍による強制連行はなかった」とする保守的・右翼的な雑誌や本が量産され、中学校歴史教科書からの慰安婦記述の削除運動を勢いづかせました。

関釜裁判の慰安婦原告三人は日本人や朝鮮人の周旋人に「金儲けができる」「日本の工場に行って働かないか」「着物も着れるし、食べ物も腹いっぱい食べられる」等の甘言に騙されて中国や台湾に連れていかれ慰安婦にされました。就業詐欺や誘拐の手口です。詳しく証言を聞くと親に売られたり、親たちも騙されて就業詐欺にあったりした可能性があります。しかし大切なことは、いずれにしても本人の意に反していて、当時の刑法二二四条「未成年者略取・誘拐罪」であり、まぎれもない強制連行だということです。

一方、日本軍の占領地では軍の威嚇や拉致で強制連行し、慰安所や軍の宿泊所に閉じ込める文字通り奴隷狩り的な強制連行が行なわれました。

日本では明治以前から人身売買により遊郭などで強制売春がなされていましたが、明治になり外国人から「奴隷制」と批判されると、公娼制度を作り「本人の意志により前借金をして遊郭で働く」という体裁にして「奴隷制」批判をかわしてきました。しかし実質は貧困家庭で、家族が食べていくためにわが身を犠牲にして売り、借金が返せるまで強制売春を強いられる「性奴隷」制度でした。そういう意味では遊郭から鞍替えした多くの日本人慰安婦も、軍慰安婦制度下で引き続き性奴隷を強いられた被害者です。

当時の朝鮮には日本から公娼制度が持ち込まれていて、軍による奴隷狩り的な強制連行ではなく、多くの場合は生活に困窮した親が日本軍に要請された周旋人や慰安所経営者に娘を売ったり、就業詐欺の甘言に騙されて娘を手放し慰安婦にされた例が多いのです。二〜三年で借金を返して慰安婦をやめていった場合もあるようですが、関釜裁判の原告たち三人は五年から八年間慰安婦生活を強いられ、敗戦時に一銭ももらえずに放置されました。そして戦後も慰安所で心身に受けた傷を引きずり、世間の目をはばかり、まともな結婚ができず、朴頭理さんが思わず漏らした「戦時中はつらかったよ、しかし戦後はもっとつらかった」人生を余儀なくされたのです。

日本政府は「性奴隷制」も否定しています。そして慰安婦制度を擁護する人たちは、当時は公娼制度は合法であったと主張します。

しかし戦前の日本に於いても、キリスト教徒の女性たちや女性運動家たちによって、「公娼制度は人身売買と自由拘束の二大罪悪を構成する事実上の奴隷制度である」として、公娼制度廃止運動が活発に取り組まれ、群馬県をはじめ一五県で公娼制度が廃止され、二三県で公娼廃止決議がなされて、公娼制度廃止に向けた大きな流れが盛り上がっていました。しかし、日中戦争がはじまり軍と国により慰安婦制度が導入され、人権運動は抑圧されていったのです。戦前に「合法」とされた公娼制度のもとで働かされていた女性たちは、その時すでに性奴隷被害者とみなされていたのです。

そして前述した関釜裁判一審の判決文で「慰安所開設の目的と慰安婦たちの日常とに鑑みれば、まさに性奴隷としての慰安婦の姿が如実に窺われる」と書かれたように、裁判官たちは慰安婦＝性奴隷と判断したのです。

敗戦時殺されたのか

ここ数年、慰安婦を主人公にして作られた韓国映画『鬼郷』（二〇一六年公開）や『雪道』（二〇一七年公開）で、最後に日本軍により皆殺しにされるシーンがあります。こうした歴史認識が作られた背景に、日本で出版された小説『廓』があります。作者は京都の遊郭を経営する家で生まれ、戦時中の東京大学時代に共産主義運動に関与して逮捕され、拷問に屈して転向します。戦後再び共産党に入り、一九五六年から五八年にかけてこの小説を発表しています。

この小説で、トラック島で米軍の空襲が始まり上陸が予測される中で、洞窟に避難していた慰安婦六〇～七〇人を軍人が機関銃で皆殺しにする描写があります。慰安婦を連れ歩いていたことが敵軍にばれると、軍の威信に傷がつくという理由です。そして「このような殺戮は日本軍がいたあらゆる戦場で敗戦時起こったことである」と書いています。これを引用して『天皇の軍隊と朝鮮人慰安婦』（一九九二年版）で、金一勉氏は「トラック島の慰安婦の悲劇は、決してこの島に限ったことではない。いたるところの島の女たちがこの種の仕打ちに遭わされたのは確かである」と書いたのです。

しかし、『廓』は西口克己が書いた小説であり、ノンフィクションではありません。彼の来歴が、親が京都で遊郭を経営していたこと、そして遊郭経営者の中には中国や南洋に移って慰安所経営に乗り出した例もあることから、歴史的事実を描いているという風に受け取られたのでしょう。

二〇一七年に韓国の研究チームが米国国立公文書記録管理庁で発見した米軍の戦闘日誌には、トラック島から二六人の朝鮮人慰安婦が日本を経由して朝鮮に引き上げた記録があります。

学生時代に拷問にあい転向させられた恨みや、左翼としての天皇の軍隊を憎む作者の気持ちが、このようなフィクションを書かせたのではないかと推測されます。

「クマラスワミ報告書」の問題

問題は、このように事実をあまりにも誇張したり、間違った慰安婦歴史認識が、通称「クマラスワミ報告書」を通して国連で定着し、世界中に広がっていることです。

国連人権委員会が一九九四年三月四日、「女性に対する暴力とその原因及び結果に関する報告書」の作成を決議し、スリランカ出身のラディカ・クマラスワミさんを特別報告者に任命しました。二年後の一九九六年一月、女性への暴力に関する付属文書として「戦時における軍事的性奴隷制度における朝鮮民主主義人民共和国、大韓民国、及び日本への訪問調査に基づく報告書」が発表され、国連人権委員会で作業を「歓迎」し、内容を「留意する」という決議がされました。

クマラスワミさんは吉田清治や金一勉らの著作に依拠した記述が多いジョージ・ヒックス著『性の奴隷従軍慰安婦』(三一書房、一九九五年)を読んで調査に臨んだと言われています。この報告書の内容は、残念ながら先述した一九九〇年以前に書かれた裏付けの乏しい、誇張と間違いの多い歴史認識で書かれています(朝鮮半島での暴力の頻繁な利用、挺身隊と慰安婦の混同、日本軍の退却中や敗戦時の慰安婦殺害と遺棄等です)。

以下は『ラディカ・クマラスワミ国連報告書』(戸塚悦朗・荒井信一訳、日本の戦争責任資料センター、一九九六年三月）の一部です。極度に誇張された歴史認識を象徴する「証言」もあります。

21（パラグラフ、以下略）多くの人が退却中の日本軍によって殺されたか遺棄された。ミクロネシアの事例では一夜で七〇人が日本軍に殺された。

28　一九四二年に先立つ数年間は、朝鮮警察が村に来て「女子挺身隊」を募集した。もし「挺身隊」として推薦された少女がそれを断った場合には、憲兵隊または軍警察がその理由を取り調べた。

30　村から集められた少女たちは大変若く、大部分が一四歳から一八歳の間であった。少女たちを獲得するために学校の組織が利用された。

証言　チョン・オクスン（北朝鮮の被害者）

54　現在七四歳のチョン・オクスンの証言は、日本陸軍の兵士による性暴力と日々の強姦に加えて、これらの女性が耐えなければならなかった残酷で過酷な取り扱いを、特に反映している。

「私は一九二〇年一二月二八日、朝鮮半島北部咸鏡南道のプンサン郡ファバル里で生まれました。一三歳の時の六月のある日、私は畑で働いている両親のために昼食の用意をしなければならなかったので、村の井戸に水くみに行きました。そこで一人の日本の守備兵が私を不意に襲い、連れて行きました。ですから両親には自分の娘に何がおきたか分かりませんでした。私はトラックで警察に連れていかれ、数人の警察により強姦されました。私が叫ぶと彼らは口に靴下を押し込み強姦を続けました。私が泣いたので警察署長は私の左目を殴りました。その日、私は左目の視力を失いました。

一〇日ほどして私はヘサン市の日本陸軍守備隊の兵営に連れていかれました。私と一緒に四〇〇人の朝鮮の若い娘がいて、毎日性奴隷として五〇〇〇人以上の日本兵の相手をしなければなりませんでした。……一日に四〇人もです。

そのたびに私は抗議しましたが、彼らは私を殴ったり、口にぼろきれを詰め込んだりしました。ある者は私が抵抗をやめるまで秘所にマッチ棒を押し当てました。私の秘所は血まみれになりました。

一緒にいた一人の朝鮮の少女が、どうして一日に四〇人もの大勢を相手にしなければならないのかを尋ねたことがあります。質問したことを罰するため、日本の中隊長ヤマモトはこの少女を剣で打つように命じました。私たちが見ていると、彼らは少女の衣類をはぎとり、手足を縛り、釘の出た板の上を、釘が血と肉で覆われるまで転がされました。最後、彼らは彼女の首を切りました。別の日本人ヤマモトは、「お前たちみんなを殺すのは簡単だ。犬を殺すよりもっと簡単だ」と語りました。彼はまた「こいつら朝鮮人少女は食べ物がないと言って泣いているから、この人肉を煮て、たべさせてやれ」と言いました。

ある朝鮮人少女は、頻繁に強姦されたため性病にかかり、そのために五〇人以上の日本兵が病気にかかりました。病気の蔓延を防ぎ、その朝鮮人少女を「無菌化」するため、彼らは焼けた鉄棒を彼女の秘所に突き刺しました。ある時彼らは私たちのうち四〇人を、トラックに乗せて遠くの水たまりに連れて行きました。水たまりは水と蛇でいっぱいでした。兵隊たちは数人の少女を水の中に突き落とし、水たまりに土をどんどん盛り、彼女たちを生き埋めにしました。

守備隊の兵営にいた少女たちの半分以上が殺されたと思います。二度逃亡を企てましたが、いつも数日で捕まってしまいました。私たちは一層ひどく拷問を受け、私はあまりに多く頭を殴られたので、どの傷もまだ残っています。彼らはまた、私の唇の内側や胸、腹、体に入れ墨をしました。私は気絶しました。気が付いてみると、私はおそらく死体として捨てられて山の陰にいました。私と一緒にいた二人の少女のうち、私とク・ハエが生き残りました。山の中に住んでいた五〇歳の男が私たちを見つけ、衣服と食べ物をくれました。彼はまた朝鮮に帰るのも助けてくれました。私は、日本人のために性奴隷として五年間使役されたのち、一八歳の時に、傷つき子を産めない体で、言葉を話すのも難しい有様で帰国しました。」（クマラスワミ報告Ⅳ証言より）

この証言と関釜裁判の原告である李順徳さんが、ウリチプ（挺対協が作った被害者のためのシェルター）で遺言のように語ってくれた話と比べてみてください。

李《イ》順《スン》徳《ドク》ハルモニのお話

上海に汽車で一五人一緒に慰安所に連れてこられて、三人亡くなって、帰りは別々に車に乗って帰ってきた。……亡くなった一人は酔った兵隊が「俺以外の客は取るなと言ったのに、他の男をあげた！」と言って刀を抜いて切って殺した。血がたくさん流れた。その兵士は憲兵に捕まって、刑をうけた。その女の人は着物に包まれて、埋められた。あとの二人は病気になり、ご飯を食べられなくなって死んだ。オレは病気にならなかったから今まで生きてこれた。

初めて兵隊が入ってきたとき、兵隊は服を脱いで、服を脱ぐように言った。怖くて必死で身を固めていたら刀を抜いて服の前を切られた。そのとき、血がたくさんでた。子供だったので、小さかったので切れて痛かった。痛いことを考えてくれたらいいのに、めちゃくちゃで……

下駄をはき、着物を着た。帯も締めた。歌も歌った。腹が減った。

食事を運んでいたら、足を滑らせて食事をひっくり返して、憲兵から両方の頬をボカボカ殴られた。一人娘だから親にも殴られたことがなかったのに……

（自分を）好きになった兵隊がいて「結婚しよう」と言ったけれど、「本妻がいるだろう。本妻がいるならだめだ」と言った。

ご飯が少なくて本当に腹がへった。中国人から豚足を買った。すごく美味しくて力が涌いた。

兵隊に少し分けたら、美味しいと言っていた。
（戦後）田舎に帰ったら、姉さん（姉はいないので近所のかたかも）から「良い人がいるから結婚しなさい」と言われた。
オレは男が嫌だから絶対結婚はしたくないと断わったが、姉さんが何度も結婚しなさいといった。お母さんが「いつまでも若いわけではない。私が死んだら頼る人が誰もいなくなる。結婚しなさい」と言って、冷たくした。
結婚することにした。夫には本妻の間にできた三歳の女の子がいて、オレがその娘を育てて、学校にもやった。あんたたちはその娘を知っているでしょう。（家に伺ってお会いしたことがあります）……以下略……

（関釜裁判ニュース第56号より）

李順徳さんの証言も痛ましいものです。しかし北朝鮮に住む慰安婦被害者の証言は、あまりにもおどろおどろしい内容です。多くの韓国の慰安婦被害者の証言を聞いたり、読んだりしてきましたが、あまりにも異質な証言内容です。北朝鮮政府の歴史認識を言わされたのではないかと危惧します。

クマラスワミ報告は国連のお墨付きを得た歴史認識として、国連人権委員会の「マクドゥーガル報告」（一九九八年国連人権委員会差別防止・少数者保護小委員会採択）、二〇〇七年のアメリカ下院での慰安婦決議、二〇一一年の韓国憲法裁判所での決定等にも資料になりました。

日本の侵略戦争や植民地支配を正当化し、加害の歴史に反省がない歴史修正主義者や安倍政権が、慰安婦制度を「強制連行」、被害者を「性奴隷」と表現することに強い拒否反応を示してきました。彼らには女性に対する人権意識への理解が欠如していることが本質的な問題です。それに加えて、吉田証言やクマラスワミ報告で日本の国が必要以上に貶められているという反発があるのでしょう。

今後、日韓両国の研究者や慰安婦支援運動にかかわった人たちによる共同研究で、ていねいで冷静に慰安婦に関する歴史認識が検討され、両国社会に共有されることがとても大切だと思います。

3　慰安婦問題立法解決にむけて

二〇〇九年に入ると政権交代への期待が高まりました。そこで地方議会に政府宛ての「意見書」を採択してもらうように取り組みました。

福岡市議会で慰安婦問題解決の意見書可決

教職員組合出身で慰安婦問題解決に熱心な女性議員と一緒に、野党系の各会派の議員との学習会や公明党議員への説得活動を経て、福岡市議会で議員提案の「日本軍『慰安婦』問題で国の誠実な対応を求める意見書」を可決することができました。内容は、

一　被害者の出席のもと、国会で公聴会を開くこと
二　慰安婦問題の責任を認めて、政府は公式謝罪すること
三　慰安婦問題解決のため、被害者の名誉回復を図ること

の三項目でした。

一の項目は、裁判支援を始めてから私が願い、夢見たことです。いつの日か被害者を国会にお呼びして、テレビ中継の中で公聴会が開かれ、被害者の証言と訴えに国会議員と国民が耳を傾け、首相が被害者の手を取って許しを請い、歴史的な和解がなされる日が来ることを。

国会議員選挙への取り組み

先述しました、慰安婦問題の解決に熱心な福岡三区の衆議院議員候補藤田一枝さんを、再び国会に送り込むために、選挙活動に取り組みました。八月三〇日の選挙を目指して、炎天下を有権者を訪ね、一軒一軒の家にチラシを配布をしていきます。また電話で藤田候補への投票依頼などに支援する会のメンバーたちが熱心に取り組みました。

小泉政権後、安倍晋三、福田康夫、麻生太郎各首相が一年ごとに交代し、新自由主義経済政策に

よる国民生活の疲弊と合わせて自民党政権への国民の信頼が低下していきました。そして遂に総選挙で、民主党への政権交代が実現しました。藤田議員も当選しました。

鳩山由紀夫政権の成立

二〇〇九年九月一六日に民主党を中心にした鳩山連立政権が発足しました。一〇月九日、最初の訪問国・韓国で鳩山由紀夫首相は「韓国と日本との間にはいろいろな懸案があるが、新政権は歴史をまっすぐ正しく見つめる勇気を持った政権である。ただし、何でも解決できるわけではなく、時間的な猶予が必要である」と訴えました。

ついで一一月二五日、ＡＰＥＣでシンガポールを訪れた鳩山首相はアジア政策講演で、「日本と他のアジア・太平洋国家の間に友愛の連帯を作ることができないかをずっと考えてきた」、「日本が、多くの国、特にさまざまなアジアの国の人たちに多大な損害と苦痛を与えて六〇年以上が過ぎた今も、真の和解が達成されたとは思えないからだ」と話しました。

一二月一〇日には、小沢一郎民主党幹事長が一四三名の民主党議員と一般参加者を含め六〇〇名ほどで中国を訪問し、胡錦涛主席との間で日中友好の促進で合意しました。

鳩山政権発足二か月の経過の中で、自民党の「二国間条約で決着済み」として過去の加害の歴史を直視することを避け続けてきた従来の政権との歴史認識との違いを鮮やか伝えながら、その実現が簡単でない国内政治の現状認識をも示したのです。

思い起こせば、慰安婦被害者への賠償法の成立を促した画期的な下関判決直後の一九九八年五月一四日に開かれた「戦争被害者の真相究明法」の成立を目指す院内集会で、私の判決報告に応えて当時の鳩山由紀夫議員は、「山口地裁下関支部で出された判決は、国会の責任をハッキリさせたというべきではないでしょうか。真相究明のためにも国会で全力を挙げなければならない……」と述べられました。あの日から数えても一一年、この間半数以上の被害者が亡くなる長い年月を経て、ついに戦後補償への熱い思いを抱く政治家を私たちはこの国の首相に迎えることができたのでした。

しかしながら、慰安婦問題をはじめとする戦後補償の立法解決は国論を二分する政策課題で、政権与党内にも反対意見がありました。

民主党は総選挙で「国民の生活が第一」と訴え、子育て・教育・雇用等の建て直しに全力で取り組むことを公約して政権に就きました。未曾有の経済不況下で税収が縮み、苦闘が続いているのが現状でした。

民主党の政権政策であるマニフェストには戦後補償は触れられず、「政策集ＩＮＤＥＸ二〇〇九」に「国会図書館に恒久平和調査局を設置する（真相究明法案）、シベリア抑留者への未払い賃金問題、慰安婦問題等」と記され、必ずしも優先順位は高くなく、国会議員の関心も薄いのが実情でした。

小泉首相以後の自民党政権下で切り捨てられてきた弱者の生活と、破壊されてきた人と人との絆を再生する国内「友愛」政治を経て、アジアの人々との絆の再生に取り組むのが鳩山政権の狙いでした。

また、政権内で戦後補償を担う窓口が設置されていませんでした。議員立法を原則禁止して閣法（内閣が提出する法案）でとの小沢民主党幹事長の方針で、従来民主党内で「戦時性的強制被害者問題の解決の促進に関する法案」を推し進めてきた議員たちも戸惑いをかくせないようでした。このような政権交代に伴う試行錯誤を見据えながら、私たち市民の側からの立法運動への取組みが必要とされていました。

「日本軍『慰安婦』問題解決全国行動2010」結成

二〇一〇年二月七日、全国で慰安婦問題の解決のために活動している市民団体の代表や個人約四〇名が全国から東京に集い、民主党を中心とした新政権下で慰安婦問題の解決を目指す「日本軍『慰安婦』問題解決全国行動2010」（以下、「全国行動2010」）が結成されました。

続いて四月一二日に開かれた事務局会議で、全国を衆議院比例区に準じたブロックごとに分け、責任者・団体を置き、各県で地元国会議員への要請行動や地方議会での政府宛意見書の採択に取り組んでいく体制作りを目指すことになりました。

九州では、六月六日に各県の関係者に福岡に集まっていただき、「全国行動2010」の取組みを九州全県下で取り組める体制を作りました。

支援する会の会員にも「二〇年近い長い歳月支援していただいている会員の皆様、今私たちの活動は最後の山場に差し掛かっています。どうか今回立ち上がった『全国行動２０１０』での取組みが慰安婦問題解決への力強いうねりとなりますように、皆様の参加を強く呼びかけます。また被害者らを日本にお呼びして、共に政府に働きかけるなどの財政を確立するために、賛同金の協力をお願いします」と要請しました。

五・一三院内集会

全国行動２０１０の最初の取組みとして、五月一三日に「被害者は待てない、償いの時を逃すな！」と題する院内集会を持ちました。多数の支援者が詰めかけ会場は満席でした。

韓国においては被害者や支援者の熱い期待を受けて、超党派の「日本軍慰安婦問題解決のための国会議員の会」が発足しました。共同代表の一人である朴宣映《パクソニョン》議員を招いて、韓国議会における慰安婦問題解決に向けての動きや、思いを聴く機会を設けました。一九四〇年一三歳のとき旧満州ハルビンに慰安婦として連行された吉元玉《キルウォノク》さんも参加されました。関釜裁判の原告・李順徳さんとウリチプで共に暮らし、李順徳さんを「姉さん、姉さん」と呼んで気にかけてくださっている方です。彼女は寒いソウルの日本大使館前の水曜デモに毎週参加され続け、さまざまな病気で傷む身を押して世界各国に出かけ解決を訴え続けていました。

当日は会場いっぱいの支援者たちが集まり、議員も多数参加され、韓国と日本の国会議員と市民が協力しあって慰安婦問題の解決に取り組む力強い第一歩になりました。

厳しい情勢

私たちの強い期待を背負って登場した鳩山政権は、発足後一年を待たずして二〇一〇年六月に辞任に追い込まれてしまいました。鳩山政権は「官僚支配から政治支配への転換」と、アメリカとの対等な同盟への転換と東アジア共同体の建設という理想を掲げ、沖縄の普天間基地の国外、最低でも県外移設、戦後補償を通してのアジア諸国民との和解を目指しました。こうした国内外の政治の大転換を実現するには長年権力の中枢で辣腕を振るってきた小沢一郎議員の政治力が不可欠でした。

しかし戦後六五年間続けて来た日米安保体制を死守したい官僚の抵抗はすさまじいものでした。検察官僚が、二〇〇九年当時、民主党の代表であった小沢議員の西松建設をめぐる政治資金と政治資金団体「陸山会」の土地購入をめぐる記載問題をマスコミにリークして大々的なスキャンダルにでっちあげ、小沢議員は代表を辞任せざるをえなくなりました。検察は結果的に小沢議員を起訴することはできませんでしたが、鳩山内閣の閣内に入れなくさせたのです。

政権運営に未経験な鳩山政権の「沖縄県米軍基地の最低でも県外移設」実施の前に、外務官僚と防衛省幹部が立ちふさがり、鳩山首相に県外移転を断念させ、沖縄県民に大きな失望を与えました。

また小沢議員と同じく、鳩山議員が首相になると検察官僚は母親からの献金問題を急に持ち出し、マスコミを使ってスキャンダルにしていきます（この件も検察は起訴できないで終わる）。こうして国民の支持率が激減して辞任に追い込まれました。

こうして、選挙で選ばれてもいない官僚による政治支配を終わらせようとした民主党は、逆に官僚による返り討ちに会い、つぶされてしまいました。

一方、「在日韓国・朝鮮人が握る『在日特権』を日本からなくすこと」を目的に設立された「在特会」などの行動する右翼の台頭と草の根右翼の日本会議が、より右翼的政策にシフトした自民党と手を組み、民主党政権が目指した地方議会で永住外国人への地方参政権授与や、夫婦別姓を選択できる民法改正に反対する意見書を地方自治体の議会で次々に可決していき、立法化ができませんでした。

政局の激変

官僚による鳩山政権つぶしを目の当たりにした後で誕生した菅直人政権は、政治主導の政治を貫くことができませんでした。民主党政権の公約に反して財務省主導の消費税率を三パーセント引き上げて八パーセントにする政策を受け入れ、国民からの批判を招き二〇一〇年七月一一日の参議院選挙で大敗しました。参議院で与党が過半数割れとなり、慰安婦問題の立法解決も不可能となりました。

さらに尖閣諸島沖での中国漁船と海上保安庁の警備船との衝突事件の対応に迷走し、日中対立に揺さぶられ支持率が低下しました。追い打ちをかけるように二〇一一年三月一一日に起こった未曾有の東日本大震災への対応に追われ、同年九月二日に退陣しました。

外交におけるアメリカ・中国の揺さ振りの中で、民主党政権の外交をめぐる経験不足と力量不足が露呈し、東アジア共同体創設の理想は急速に現実性を喪失していきました。「政局」の連続の中で民主党が掲げた暮らしを守る政策の実現も滞っている状況で、慰安婦問題等の戦後補償関連法案が検討される現実性がどんどん遠のいていきました。

韓国憲法裁判所の決定と一〇〇〇回水曜デモの高揚

二〇一一年は、韓国で元慰安婦被害者や支援者たちが九二年の宮澤首相訪韓に合わせて日本大使館前で抗議集会を開いて以降、毎週開かれてきた水曜デモが一〇〇〇回を迎える年でした。病の床についたり、亡くなったハルモニたちの後を新たな参加者たちが引き継いで、途絶えることなく続けられてきた水曜デモです。二〇年間、一〇〇〇回の水曜デモを刻みながら今なお解決しえていない現実を世に知らせ、解決への世論を起こすために、日韓で多くの市民が一二月一四日の一〇〇〇回水曜デモに向けてさまざまな動きを夏ごろから準備していきました。

こうした中で、慰安婦問題解決の閉塞状況に大きな風穴を開ける動きが韓国の司法界で起こりました。二〇一一年八月三〇日に韓国憲法裁判所で、慰安婦被害者の賠償請求権の解決のために日本政府と外交交渉をしない韓国政府に憲法違反の決定が下されました。韓国政府が慰安婦問題の解決を第一級の外交課題に取り上げざるをえない事態になりました。

決定の内容は、「日本政府は一九六五年に締結された日韓請求権協定第二条ですべての請求権は解決ずみとしているが、韓国政府は慰安婦被害者、原爆被害者、サハリンに置き去りにされた朝鮮人被害者たちの賠償請求権は請求権協定で解決されていないと表明している。請求権協定第三条は両国政府間で解釈上の紛争が生じた場合には、まず『外交上の経路を通じて解決する』、それでも解決できなかった紛争は仲裁手続きによって解決すると規定している。仲裁手続きは両国の委員と第三国の委員で仲裁委員会を構成し、その決定に服することが義務づけられている。以上の規定にもかかわらず、両国の解釈の違いをただすために日韓請求権協定にのっとって日本政府と外交交渉をしない韓国政府は、被害者たちの人権を侵害している」として憲法違反を告げるものでした。この決定を韓国のマスコミが大きく報じる中、韓国政府は一八年ぶりに重い腰を上げて、日本政府に慰安婦問題の解決に向けた外交協議を九月一五日に申し入れました。

二〇一一年九月に開かれた日本軍「慰安婦」問題解決全国行動２０１０の会議で、「韓国水曜デモ一〇〇〇回アクション」を立ち上げ、全国に賛同と参加を呼び掛けました。賛同は二七〇団体を超え、一二月一四日の水曜デモは東京の一三〇〇人による外務省包囲デモを中心に、北海道から沖縄まで全国一五カ所でコンサートや街頭デモ、街頭アピール、映画上映など多彩なアクションが取り組まれました。福岡市（八〇名）、北九州市（五〇名）においても街頭アピールを行ない、全国各地において主催者の予想を上回る市民が参加し、日本社会で慰安婦問題が風化せず、解決への期待を持続する人たちが存在することを印象付けました。

韓国での取り組みは空前の盛り上がりを見せ、三〇都市で連帯集会がもたれ、とりわけソウルの日本大使館前には数千人が詰めかけるかつてない熱気あふれる集会が開催され、少女像が設置され注目を浴びました。メディアもこれまでにない熱い関心を示し、韓国世論は日韓両政府への解決を訴える論調で盛り上がりました。

一二月一七・一八日、李明博《イミョンバク》大統領が韓国内の慰安婦問題解決への熱い期待を背負って、野田佳彦首相との首脳会談のため来日しました。首脳会談で李大統領は慰安婦問題の優先的な解決を求めました。会談の大半が慰安婦問題の応酬に費やされ、野田首相の政治的な決断を強く迫りました。野田首相は日韓協定で法的には解決ずみとしながらも、「人道的な見地から知恵を絞ろう」と言わざるをえませんでした。

日本世論の反応

日韓首脳会談を報じる日本の主要メディアは、李明博大統領の強硬な姿勢に驚きと反発を見せ、「日韓協定で解決ずみ」論に立ち、それでも「女性のためのアジア平和国民基金」で可能な限りの対応を示したとして、日本政府の姿勢を支持する論調が目立ちました。慰安婦問題が日韓の外交課題に上った一九九〇年代以降、一般全国紙四紙のうち朝日新聞・毎日新聞が戦後補償に好意的で、読売新聞・産経新聞が否定的な論調を張ってきました。九〇年半ばまで国民基金に最後まで批判的で、被害者に理解のある論陣を張ってきた毎日新聞は論調を変えました。「原則を曲げずに対応を」と題する社説（二〇一一年一二月一九日付）で、首脳会談の大半を慰安婦問題に費やした李明博大統領の対応は、「日韓関係の大局から見てバランスを欠く。大使館前にこうした像を建てることは、これまで慰安婦問題に理解を示してきた日本の世論にも受け入れられるものではないであろう」として日本政府の少女像撤去の要請を支持し、さらに、日韓協定で「完全かつ最終的に解決された」、そのうえ国民基金で首相の「お詫びと反省」の手紙と「償い金」を渡してきた、「その経緯を踏まえれば、元慰安婦への賠償問題を再び日韓間で政治問題化することは適当でない」として、「人道的な見地で対応する際にも、外交の原則を曲げない範囲で」と注文を付けるしまつでした。琉球新報や北海道新聞など中央から最も遠い一部地方紙を除けば、被害者たちの二〇年間続く苦悩と願いへの理解は風化し、日本政府の立場を擁護する論調が目立ちました。

4　慰安婦問題の解決をめぐる動き

二〇一二年に入っても韓国政府は折に触れ、日本政府の解決に向けての政治決断を促す声明を出してきました。日本政府も韓国との間にあるトゲを抜き、東アジアで最も重要な二国間関係である日韓の信頼関係が大きく揺るがないよう、外交的な配慮から慰安婦問題の「解決」を検討せざるを得ない状態でした。

五月一三・一四日と北京で開かれた日中韓首脳会談の場で、個別に開かれる二回目の李明博大統領と野田首相の首脳会談で慰安婦問題解決が進展するのではないかという期待がありました。五月一二日付けの北海道新聞によると、斉藤勁内閣副官房長官が四月二〇日に韓国大統領府を訪れ慰安婦問題の解決に向けて、

①野田首相による李明博大統領への謝罪

②駐韓国日本大使による元「慰安婦」への謝罪

③日本政府による補償

の三点を提案したが受け入れられなかったと報じました。その結果、日中韓首脳会談では慰安婦問題は残念ながら議題に上がりませんでした。

私たちはこの間全国行動２０１０を通して、日本政府に提言を行なってきました。

①韓国では、国民基金は日本政府の責任をあいまいにした同情金と見なされて拒否された。
②日本軍によって作られた慰安婦制度で多くの女性に被害を与えた国の責任を明確にし、被害者たちの心に届く謝罪と国庫からの償い金を手渡すように。

立法によらなくても内閣の外交決断で公式謝罪とその証として行政措置による国庫からのお金を被害者に手渡すように、斎藤勁内閣官房副長官を通して政府に求めてきました。

しかしながら、自民・公明との三党協議で消費税値上げの法律制定を優先的に推し進める野田政権は自民党と対立する慰安婦問題の解決は避けて、消費税値上げを押し通し、解散総選挙を断行してしまいました。その結果、衆議院の総選挙で民主党は壊滅的な敗北を喫しました。

そして、こともあろうに慰安婦問題の国の責任を否定する安倍晋三氏が再び政権の座によみがえったのです。

慰安婦問題解決のため、民主党政権末期に首相官邸中枢へのロビー活動に一縷の希望を託して最後まで頑張りましたが、政権交代で頓挫してしまいました。以降の安倍政権下では、アメリカ政府からの外圧による日韓両政府間の外交課題としての展開に解決の希望を託すしかなくなりました。

日韓両政府間で慰安婦問題解決の合意

朴槿恵《パククネ》大統領は二〇一三年二月に就任後、慰安婦問題をはじめとする歴史認識問題で日本への厳しい態度を示し、首脳会談も開けない状況が続きました。その後、アメリカのオバマ大統領の強い仲介を受けて日本との外交交渉に取り組み、二〇一五年一二月二八日に日韓両国外務大臣の間で慰安婦問題解決の合意を発表する記者会見がなされました。

その内容は慰安婦問題について両国局長級協議等で集中的に協議を行なってきたとして、日本の岸田文雄外務大臣は、

①慰安婦問題は、当時の軍の関与の下に、多数の女性の名誉と尊厳を深く傷つけた問題であり、日本政府は責任を痛感している。

②日本政府はこれまでの取り組みの経験に立って、日本政府の予算により、すべての元「慰安婦」の方々の心の傷を癒す措置を講じる。韓国政府が、元慰安婦の方々の支援を目的とした財団を設立し、これに日本政府の予算で資金（一〇億円）を一括して拠出し、日韓両政府が協力し、すべての元慰安婦の方々の名誉と尊厳を回復、心の傷の癒しのための事業をおこなう。

③日本政府は②の措置を着実に実施するとの前提で、今回の発表により、この問題が最終的かつ不可逆的に解決されたことを確認する。日韓両政府は今後、国連等国際社会において、本問題について互いに非難・批判することを控える。

韓国の尹炳世《ユンビョンセ》外交部部長は、

①韓国政府は、日本政府の表明と今回の発表までに至る経過を評価し、日本政府が表明した措置

が確実に実施されるとの前提で、今回の発表により、この問題が最終的かつ不可逆的に解決することを確認する。

②日本政府が在韓日本大使館前の少女像に対し、公館の安寧・尊厳の維持に懸念していることを認知し、韓国政府も可能な対応方向を関連団体との協議を通じて、適切に解決されるように努力する。

③韓国政府は日本政府の措置が着実に実施されることを前提に、今後、国連等国際社会において本問題について互いに非難・批判することを控える。

と発表しました。

この「合意」は正式文書はなく、記者発表後も記者からの質問も受付けず、完全な評価を得るものではありませんでした。その後日韓首脳の電話会談があり、安倍首相が「心からのお詫びと反省の気持ちを表明する」と改めて述べると、朴大統領は「首相が直々に表明したことは、被害者の名誉の回復、心の傷を癒すことにつながる」と応えました。しかし安倍首相の言葉は被害者や被害国国民に直接語られたものでなく、岸田外務大臣を通じて間接的にしか伝えられず、被害者の心に届くものではありませんでした。

「合意」発表直後から「被害当事者である自分たちに相談なしに進められた」と怒る被害者たちの姿がテレビで流れ、当時韓国の野党の「共に民主党」が「国辱外交、合意の白紙撤回・再交渉」

と訴える厳しい批判が伝わり、私たちは戸惑いながら、かたずを飲んで見守りました。

この「合意」以降、関釜裁判の支援者たちから、「どのように考えたらよいのか」という問い合わせが多く寄せられてきました。テレビで被害者たちの怒りの姿を見、また韓国の支援団体を中心に「合意」白紙撤回・再交渉の動きが伝えられるに及び、解決がそう簡単でないと思い悩んでいたのです。国連の女性差別撤廃委員会も三月七日の日本政府への勧告で「被害者中心アプローチを十分に採用していない」とし、実施にあたって「被害者の見解を十分に考慮するよう」求めました。

今回の合意が日韓両政府とも被害者への配慮が不十分であることは、すでに多くの方が明らかにしてきたことです。そのうえで、合意白紙撤回・再交渉での解決を求めていくのか、「合意」を踏まえて被害者に受け入れられるような努力をさらに積み重ねることを日本政府に求めていくのか、その選択をめぐって日本国内のそれぞれの個人、運動体が突きつけられ悩みました。

福岡で慰安婦問題の解決に取り組んできた私たちは後者の道を選択し、安倍政府に「日本大使が被害者の元を訪れ、安倍首相の謝罪の言葉を手紙にして伝え、謝罪の証として政府のお金を手渡すこと、合わせて解決が遅れたことを心よりお詫びするよう」要請をしてきました。

この道を選択したわけは二つあります。一つは被害者たちは何に怒り、何を求めているのかを考えた上での結論です。二つ目は白紙撤回・再交渉は解決のめどがない永久闘争の道で、結果として日韓両国民の間に溶けることのない対立の軛になることを憂えたからです。

被害者は何に怒り、何を求めているのか

二〇一五年の当時、今はすでに関釜裁判の元慰安婦原告たち三人との会話はできませんでした。二人は逝去し、当時生存者の李順徳さんも入院し眠り続けていて、会話も不可能な状態だったからです。そこで在りし日の原告たちの言動を思い浮かべながら、心の中で何度も何度も今回の合意への自問自答を繰り返しました。とりわけ思い出すのは「女性のためのアジア平和国民基金」への原告たちの反応です。

前述したように、元慰安婦原告の李順徳さんが「政府、元慰安婦に民間募金による見舞金構想を打ち出す」との朝日新聞の報道を知り、「おれは乞食ではないよ。あっちこっちから集めた同情の金はいらない。国がちゃんとおれの前に来て謝って、国の金を出せば喜んでもらうよ」と激しい怒りをぶつけました。翌日急きょ民間基金構想に反対の記者会見を設定し、詰めかけた多くの報道陣の前で話し終え、一段落して緊張が解けた後、李順徳さんが私に向ってぽつんと言った言葉も忘れることができません。「しかし、死んでからでは何にもならないよ。生きているうちに病院にも行きたいし、新しい服も買いたい。お世話になったあなたたちが光州に来たときはお礼に食事もしてもらいたいよ」と。

二〇一五年の「合意」はかつて国民基金が韓国で激しい反発にあい、多くの被害者たちに受け入

れられなかったことの反省に立ち、「道義的責任」をやめて「責任」とし、政府予算からのお金の支出を表明したことは一歩前進です。にもかかわらず安倍首相の謝罪の言葉が被害者や韓国国民に向けて直接語られることはなく、被害者たちの心に響かなかったことが被害者たちの怒りを買っているのです。被害者の尊厳の回復と心の傷を癒すには、加害国を代表する人が会いに来て心からの謝罪の言葉を届け、態度で表明することほど重要なことはないのです。

今後「合意」の実行では、日本政府は一〇億円を出すだけにとどまらず、「日韓両政府が協力してすべての元慰安婦の方々の名誉回復、心の傷の癒しのための事業を行うこととする」という表明にのっとって、民主党政権時代の外務省の案である「日本大使が被害者たちの元を訪れ、首相の謝罪の言葉を伝える」ことを誠意を込めて行なうことが何よりも重要な「事業」です。そうした日本政府の対応に接したならば、被害者たちは受け入れるであろうと思わざるを得ませんでした。

そこで私たちは日本政府に「首相の謝罪の言葉を記した手紙をもって日本大使が直接被害者にお会いし、心よりの謝罪の意を伝え、解決に長年かかったことへのお詫びを述べ、謝罪のあかしとして償いのお金をお渡しする」ように訴えました。国会でも福岡出身の議員が安倍首相に質問しましたが、安倍首相が「そうしたことは毛頭考えていない」と発言したことで、「合意」に基づく解決の道は閉ざされたと断念せざるえませんでした。

その後二〇一七年に、「合意」に対して「国辱外交、白紙撤回・再交渉」を訴えた文在寅《ムンジュイン》氏が大統領になり、「合意は被害者中心の解決ではなかった」として、二〇一九年七月五日「和解・癒し財団」の解散がなされました。

今回の「合意」を多くの日本国民が支持したのは、この間の日韓両政府間の対立を憂い、友好関係になるのを期待していたからでした。あと数年もたつと和解できる被害当事者がいなくなり、このままでは日韓対立の永遠の棘となる可能性があります。全世界でリベラルな雰囲気が急速に凋落し、変わって感情むき出しのナショナリズムが台頭してきました。ここ数年の日韓関係は対立が続き、双方の国民感情の負のスパイラルの要に慰安婦問題が座る状態が続いています。被害者と被害国の市民たちとの和解を目指して取り組んできた戦後補償運動が、双方の社会の対立と反発を惹起する事態の到来に、深い戸惑いを覚えずにはいられません。

韓国の大法院で女子勤労挺身隊訴訟が勝訴

第二次世界大戦中に日本で強制労働をさせられた韓国人の元徴用工四人が、雇用者であった新日鐵住金に損害賠償を求めた訴訟で、二〇一八年一〇月三〇日韓国の大法院は原告の主張を認め、一人あたり一億ウォンの賠償金支払いを命じました。続いて一一月二九日元徴用工の遺族や女子勤労挺身隊員が三菱重工業に損害賠償を求めた二件の上告審で、韓国大法院は賠償命令を確定しました。「日本政府の不法な植民地支配と直結した日本企業の、不法行為を前提とした強制動員被害者の請求権は日韓協定の対象外」としました。

原告の一人で、勤労挺身隊として三菱重工名古屋の工場で働いた金性珠《キムソンジュ》さん（金正珠さんのお姉さん）は判決後の記者会見で「今日まで涙の日々だった。日本に行ったということで、慰安婦と呼ばれて悔しい思いをしたこともある」と発言し、「日本の人々は謝罪し、私たちに補償することを望む」と語りました。同じく原告であった梁錦徳さんは関釜裁判を始めて以来、実に二五年目によようやく手にした勝訴でした。ソウル高等法院で不二越を訴えて勝訴した時に記者会見した金正珠さんは、不二越第二次訴訟で訴えて以来一三年目に手にした勝訴です。その他の元関釜裁判の原告たちは裁判の行方を気にしながら、勝訴の判決を聞くことなくすでに亡くなっていました。生きていて、この勝訴判決を聞いたら、どんなに大きな喜びに包まれたことでしょう。

しかし日本政府の横やりで、いまだ賠償金が払われないことに強い焦燥と悔しさを感じます。

日本政府の対応

一〇月三〇日の新日鉄裁判の大法院判決直後、河野太郎外務大臣は韓国の駐日大使を呼び、「日韓の友好関係の法的基盤を覆すものだ」と抗議しました。安倍首相は一一月一日の国会で、「一九六五年の日韓請求権協定で解決済みの問題。国際法に照らせば、ありえない判断だ」と遺憾の意を表明しました。日本の大手メディアも、ことごとく「終わった話を蒸し返す韓国の不当な判決」という論調を展開し、新聞、テレビがこぞって韓国非難の特集を組み、日本の社会には韓国を非難する空気が急速に広まっていきました。原告たちの受けた痛ましい被害や、長い年月をかけてようやくたどり着いた勝訴判決に対する被害者たちの胸の内を思いやる報道はありませんでした。

慰安婦問題への国の責任の否定に異常な執着を示してきた安倍首相が、戦後補償裁判が始まった一九九〇年代初め、日本政府が「個人の請求権は二国間条約によっても失われていない」とする見解を国会で繰り返し表明していた事実をよく知っていたはずです。

二〇〇七年の中国人強制連行被害者の訴えに最高裁判所が「七二年の日中共同声明は……すべての請求権を放棄する旨を定めたものと解され、裁判上請求する権能を失った」と判決する一方で、「実態的権利としての請求権は消滅していない」として被害者側の被害にそって和解を勧める付言がなされ、企業との和解が成立したときに日本政府が静観したこともよく知っているはずです。

にもかかわらず「国際法上ありえない」として否定し、判決を静観する韓国政府を攻撃する対応は異常でした。そして訴えている被害者たちの思いを一切伝えることなく、安倍政権の見解に沿って韓国批判に追随する新聞やテレビの報道は、一九九〇年代に比べ隔世の感があります。

二〇一九年七月、日本政府はフッ化水素をはじめとする特定三品目の輸出手続きを厳格化した後、八月二八日、輸出管理で優遇措置を与える「ホワイト国（優遇対象国）」から韓国を除外する政令を施行しました。対抗的に八月二二日、韓国政府は日韓防衛当局間で軍事機密のやりとりを可能にするＧＳＯＭＩＡ（軍事情報包括保護協定）を継続せずに破棄すると発表しました。日韓両国は一九六五年の日韓国交回復後、最悪と言われる対立状態になり、二〇一八年には七〇〇万人に及んだ韓国人訪日客は、二〇一九年には二〇〇万人台にまで落ち込みました。私は福岡市内にある大濠公園をよく散歩しますが、以前は昼間に散歩する人の半分ぐらいは韓国人観光客でした。しかしその年は減少し、ほとんど見なくなってしまいました。

あと六時間で失効する間際だった日韓のＧＳＯＭＩＡは、一一月二二日、韓国が失効決定の判断を覆し、維持されました。アメリカからの強い要請があったからでしょう。そして日韓間で経済面の輸出管理に関して対話が始まりました。かろうじて日韓関係の破局的な対立は回避されましたが、徴用工や女子勤労挺身隊への賠償問題は依然として先が見えない状態が続いています。

第七章　関釜裁判を支援して――支援する会とハルモニたち

花房恵美子

はじめに

一九九二年の秋頃、弁護士から「韓国から来る原告たちのお世話をしてほしい」という支援依頼を受けましたが、事務局を引き受けるのは大変なことだと直感していました。

組織を持たない市民たちが新たに運動を立ち上げるに当たって、ともかく被害者の思いに寄り添って彼女たちと闘いを共にすることの中に何かが見えてくるだろうと思っていました。裁判が始まり、原告たちが三カ月に一度は日本に来られるようになると、迷いはなくなりました。何しろすべきことが次から次へと押し寄せ、「前」へ進むしかなかったし、原告のハルモニたちが大好きになったのです。

しかし時が経ち、原告たちが体力をなくしていき、民主党政権が崩壊し、安倍政権が誕生した二〇一二年暮れからは、本当に悩みました。

日本社会が余裕を失い、リベラルが退潮していき、被害当事者がいなくなっていく中で、戦後補償問題、日本軍「慰安婦」問題はどうしたら解決できるのか。

二〇一五年日韓合意破綻、日本政府による輸出規制など、日韓政府間関係が戦後最悪と言われる状況になっていることに、被害者たちの願いがいまだ実現できていない中でのこの状況に、歯ぎしりする思いです。被害者たちへの共感を日本社会に根付かせることができなかった私たちの運動の責任を感じざるをえません。

しかしながら、韓国のハルモニたちと共に闘ってきた日本の市民の運動の記録を後世に残してほしいとの助言を得て、二八年間を振り返りながら日韓両市民にむけて支援運動のメンバーたちの活動とその思い、そしてハルモニたちとの交流を書くことにしました。

1　支援する会の成立過程

支援する会の立ち上げ

関釜裁判を提訴した一九九二年当時、外国人戦争被害者の戦後補償運動は福岡にはなく、新たに運動を作っていかねばなりませんでした。

イベントには参加してもらえても、事務局を担ってくれるメンバーはなかなか見つからず苦労しました。

当初は、キリスト者・部落解放同盟・在日コリアン・労働運動など反戦・反差別運動をしてきた方々に助けられ、一九九二年から九四年にかけて、定例会討論を経て、支援する会の基本軸を作っていきました。

しかし、市民運動家や組織の方たちは、それぞれ自分の課題で手一杯で、参加してくれても、日常的に事務局を担えるほどの余裕はなく、また、転勤・転居などで去った方々もいました。そこで、問題意識はあっても行動を起こしていなかった人々に参加を促すことにし、市民や学生たちに声をかけ、無理のない範囲で時間と能力を分けて欲しいと願って、出入りの壁をできるだけ低くして、一時の関わりでもいいので原告たちに出会ってもらいました。

活動の中でも、会員の方たちへの報告の手紙でもあり広報誌でもあった「関釜裁判ニュース」作りと発送は、重要な作業でした。会立ち上げの頃の九〇年代半ばには、まだパソコンを使うことが一般的でなかったので、手書き原稿のワープロ打ち、校正、切り貼り作業など、定例会議とは別に三カ月に一回、二日間かけて五〜六人がかりで完成させていました。

ニュースの型を確立してくれたのがニュース4号までの編集長だったNさんとY君でした。出版社勤めのNさんと、多彩な運動を経験してきたY君が関釜裁判ニュースの基礎を作ってくれました。

当時二〇代後半のＯＬの井上由美さんは、仕事が忙しく定例会議などにはあまり出ることができませんでしたが、Nさんが仕事と子育てで活動から離れたあと、九四年から編集長としてニュース作りに尽力してくれました（井上さんの関釜裁判支援についての感想は本章4節（2）に掲載）。ニュース作りだけを手伝って下さった三〇代のご夫婦や、発送作業だけを手伝ってくれる主婦の方もいました。それぞれが、生活のリズムを壊さない参加支援でした。

約一六ページの関釜裁判ニュース約八〇〇通を全国に送るニュースの発送作業の時は、一〇人余りでにぎやかにおしゃべりしながら作業をし、連れ合いの俊雄が食事を作り、休憩時間も楽しかったものです。（関釜裁判ニュース全号は、「関釜裁判を支援する会」ホームページ http://kanpusaiban.bit.ph に掲載。また、全号を収録した『関釜裁判ニュース――釜山従軍慰安婦・女子勤労挺身隊公式謝罪等請求事件 1993－2013』を発行し、国立国会図書館および全国都道府県・政令指定都市等の図書館に寄贈しています。）

支援する会の最初の一～二年は、すでにいろいろな運動を担ってきた方々に助けられ、そして徐々に新しいメンバーが参加していき、試行錯誤しながらの活動だったと言えます。

若いメンバーたちの参加

九五年から学生ＹＭＣＡの日韓交流プログラムのメンバーが参加するようになり、にぎやかになりました。六人くらいの学生がハルモニたちとの交流会などにきていて、その中のＭＪ君（当時二

○歳）は定例会に常時参加していて、のちに関釜裁判を支援する会青年部と私たちが内心称していた若者たちの中心となっていきました。「青年部」では控訴審の過程で支援する会のホームページも作成し、また、ジュディス・ハーマンの『心的外傷と回復』（みすず書房）の連続学習会を行ない、その中で彼ら自身がいじめなどの心的外傷を負ってきていることを私たちは知りました。下関判決のときに「一部認容」の旗出しをし、その映像がニュースで国内外に流れた六田俊一君も頑張ってくれました。生きづらさを抱え参加する若者たちの存在は支援する会を豊かなものにしてくれたと思います。

彼らの先輩であるOM君は支援する会発行のパンフレットの編集をずっと引き受けてくれ、今も支援する会のHPの管理をしています。

MJ君はフワフワとした雰囲気でハルモニたちに孫のように可愛がられ、パートナーのNさんと共に支援する会を担ってくれました。彼は二〇〇三年最高裁で棄却されて韓国の温泉で原告たちと残念会をする時まで事務局として支えてくれました。その後福岡を離れますが、ずっと心を寄せてくれていて、その後何回か韓国へのハルモニ訪問の旅を一緒にしています。（彼の「支援する会に参加しての感想」は本章4節（1）に掲載）

忘れられないのは九六年にOM君の紹介で支援する会に参加してくれたA君の存在です。彼は、「慰安婦」被害者を否定する漫画家・小林よしのりファンが大勢を占めるインターネット空間で果敢に論戦に参加していました。また、支援する会が『ゴーマニズム宣言』に抗議して小林氏とテレビで対決をすることになった時にその知力を発揮してくれました。天は必要なときに必要な才能を持った人材を与えてくれると妙に感心したものです。彼はそののち韓国で日本語教師となり、福岡を離れますが、私たちが訪韓した時には通訳をしてくれました。

裁判のたびに、福岡から下関までの往復の車の運転、傍聴、報告集会の準備と参加、交流会の準備と後片付け、ニュース作り、原稿書き、ワープロ打ち、街頭署名活動、プラカード作り、議員回り、集会・学習会の準備、参加要請、広報説明も兼ねた講演などなど、それらの方針を決め集約する月毎の定例会、資料作りなどの多様な活動は、専従はいませんでしたが、多くの人が仕事をしながら関わり、心を寄せてくれました。

支援する会の中心メンバーたち

忘れてはならないし、この人なしには支援する会はなかったと言えるのは共同代表だった松岡澄子さんです。四人の子を育てながら生協活動などで多忙でしたが、持ち前の彼女の責任感、統率力でどれほど会が引き締まったかわかりません。彼女は二〇〇三年に関釜裁判が最高裁で棄却された後から、念願の高齢者福祉事業に軸足を移し、「NPO法人わたしたちの高齢社会をつくる会」を設立し、多くの当事者や家族を支えながら、二〇一九年六月に惜しまれながら亡くなりました。享年七四歳でした。

そして、共同代表だった入江靖弘牧師、会の最初からのメンバーである山下英二さん、日吉国幸さん、薬師寺由紀子さん。入江さんは私たちの手の回らないところを淡々と支えてくださいました。国鉄労働者だった山下さんは裏方仕事を飄々とこなし、今なお信頼し安心できる仲間です。日吉さんは公務員を定年退職され、ホームレス・外国人移住者支援活動で忙しい中、ハルモニや私たちを気遣ってくださり、口頭弁論ごとに車を出して運転していただきました。やれる範囲で誠実に責任を持って動いてくださる彼と彼の連れ合いさんの真心溢れる支援には勇気づけられてきました。主婦でありキリスト者である薬師寺さんは遠方に住むお母さんの介護のため日常的な活動はできなくなりましたが、原告団の送迎などで支えていただきました。

立ち上げの時から参加して下さっていたO牧師が転勤になり、交代するかのように福岡に転勤してこられたM牧師。彼の人間的な魅力と鋭い政治感覚に支援する会のメンバーは安心感をもっていました。彼も転勤のため惜しまれつつ九九年に福岡を去っていかれました。会計を担当していた佐藤哲雄さんは、九四年春、両親の介護のため教職を辞して郷里の宮城県に帰って以降もずっと原告のおばあさんたちの健康に心を寄せて頂いています。そして要所要所で参加していただき活力をくれた安倍妙子さん。看護師だった彼女はハルモニたちとの出会いを契機に現在カウンセラーです。山縣順子さんをはじめとする下関や北九州の方々にも傍聴体制を支えていただきました。

また、控訴審判決の後から原告ハルモニたちの送迎のお世話など献身的に支えてくれた緒方貴穂君の存在も大きいです。

そして花房俊雄。原告ハルモニたちの願いを共にかなえ、日本の戦後責任を果たすために一ミリでも前に活動を進めていくための努力を惜しまない彼の執念のおかげで、関釜裁判を支援する会は特異な市民運動を展開してきました。支援の輪を広げるために最大のオルガナイザーであるハルモニたちに多くの人々が出会ってもらうために、彼女らを囲い込むことはしませんでした。私が言うのもなんですが、平凡な彼の非凡な執念が支援する会の特徴を作ったと思います。

各地で支えてくれた人々、見送った人々

広島控訴審を現地で支えてくれた多くの方々がいます。土井桂子さん、都築寿美枝さん、武藤貢さん、塚本勝彦さんをはじめとする広島、福山、三次の皆さん。その豊富な運動の蓄積と情熱によって二回も大きな国際署名を展開でき、どれほど裁判支援運動は広がりと奥行きを持てたことでしょう。

日常的に参加できなくても心を寄せ全国各地から駆けつけていただいた会員の方たち。紹介しきれないほどの、なんとたくさんの方々に支えられてきたことか。

この中でハルモニとともに仲間も見送ることになりました。

六田俊一君、入江靖弘さん、福留範昭さん、日吉国幸さん、松岡澄子さん。感謝しきれない思いが胸を突きます。

関釜裁判が終わり、立法運動に軸足を移してからも、福岡での新たな女性の仲間たちとの共闘、全国各地で活動する方々、韓国の若者との出会いなど、多くの出会いと共同活動がありました。

私（花房恵美子）にとっての支援する会

私はといえば、大きな責任は松岡さんと連れ合いの俊雄がとってくれたので、心地よく裏方に徹して、必要に迫られてではありましたが、特別な能力がなくても必要とされる場が心地よかったです。私たちの夫婦関係はと言えば、効率を重視する「仕事」では、互いの性格がまるで違うので衝突することもありましたが、小さい力で志の大きな運動をするためには「協力」せざるを得ず、良い意味で「深化」したと思います。これは関釜裁判とハルモニたちのお陰だと感謝しています。曖昧な劣等感を持ち、自身を過小評価していた私の、行き場を塞がれていたエネルギーを解いてくれたのが関釜裁判との出会いと言えます。

今まで運動に参加するだけだったのが、自分なりの居場所を見つけ、多くの参加者の居場所を作って行く過程は、多分、ハルモニたちとの関係性を深化させていく過程と並行していたのではないかと思います。彼女たちは私の私なりの良さを感じてくれたのではないでしょうか。彼女たちの寝床を準備し、交流会の準備と後片付け、支援者への連絡、ニュース作りの段取り、そしてただ黙って側にいるだけのことも多かったのですが、私は安らぎ、彼女たちは「安心感」を得ていたのでしょう。出会った時から彼女たちのことを、とんでもない被害を受け、全人生がそのことで苦しめられてきたけれど、彼女たちは人間性に磨きをかけ生き抜いてきた尊敬すべき人生の先輩だと敬愛を深めてきました。面白く、可愛く、それなりにしたたかな彼女たちと共にいることは楽しいことでした。

朴Sさんは詩人で、朴SUさんは歌手兼文筆家、梁錦徳さんは豪快な働き者、柳賛伊さんは賢く聡明な「大人」。そして朴頭理さんは皮肉屋の寂しがり屋で、李順徳さんは本当に可愛い方でした。多分私は自分の感覚を信じられるという「自信」を得、「自由」を得たような気がします。その自信、自己肯定感はハルモニたちがくれたものです。「あなたはそのままでいい!」と。

ともかく支援する会は志は高いが無理をしない、無理を要求しないので、自分の得意分野で少し運動を支えているという自覚というか自負はそれぞれ参加していたメンバーにあったと思います。自分に対しても無理を求めないので、忙しかったけれど、充実していて楽しい日々でした。

2　支援する会活動の変遷

支援する会は事務所がなく、私たちの家を連絡先としたので、支援する会発足当時いろいろな電話がかかってきました。嫌がらせの電話は、無言電話が二件くらいあっただけで他にはありませんでした。家の住所も電話番号もオープンにしていましたが危険なことはなく仕事への影響もありませんでした。

電話は、特に引き揚げ時の苦労を訴える内容が多く（ご自分の被害としてではなく他人から聞いた話として）、「韓国人の支援だけして何故日本人の支援をしない！」と訴えられ、一時間近く話しを聞くこともありました。何かをして欲しいというより、聞いて欲しかったのだと思います。今にして思えば、電話だけでなく、会ってきちんと話を聞くべきだったし、日本人の戦争体験を聞くチャンスだったのに、当時は全く余裕がなく、残念なことをしました。

二〇〇三年に電話のあった元船員の方と元兵士の方の話は、控訴審判決のニュースを見て二〇〇一年に参加してきた平尾弘子さんと先方のご自宅に伺い話しを聞き、平尾さんが関連資料などを調べ詳細な報告を書いてくれました（その記録は「関釜裁判ニュース」44号～48号に掲載）。主婦だった平尾さんの参加まで支援する会には研究者的な人材がいなくて、裁判の進行に資料発掘などでは協力できず、「運動」に追われていたと、今になって弁護士たちに申し訳なく思います。

福留範昭さんの活躍と急逝

メンバーの入れ替わりは常にあって、特に二〇〇三年以降は運動形態が立法運動と富山での第二次不二越訴訟になってきたので、去る人来る人の動きがありました。

韓国の大学で日本語教師をしていたこともある福留範昭さんが福岡に引っ越してこられ、彼が支援する会に参加したのは大きな出来事でした。彼は韓国での「日帝強占下強制動員被害真相糾明等に関する特別法」の成立過程のニュースを日本語訳して日本国内に発信してきました。彼はこの法案を推進してきた団体や個人との関係も深く、韓国内の運動との交流が進みました。

特別法に基づいて設置された「日帝強占下強制動員被害真相糾明委員会」の活動が二〇〇五年から本格化するなかで、その委員会に日本側として協力・支援するネットワークとして福留さんが中心となり全国組織「強制動員真相究明ネットワーク」を同年発足させ、彼が事務局長の重責を担っていきます。福岡でも彼を中心にネットワークを作り筑豊に連行された朝鮮人労働者の遺骨問題に取り組んでいきます。この取り組みで九州で長年調査をしてこられた研究者との出会いと共同作業という貴重な体験をすることができました。

しかし、併合一〇〇年という多忙な二〇一〇年の五月に福留さんは急逝し、私たちは悲嘆にくれました。国内外の多くの人たちから彼の死を悼む声が寄せられました。

証言集会・上映会・立法運動

支援する会では、記憶と記録に残すために二〇〇四年より大学での証言集会や関連上映会を毎年のように行ない、当初は学生たちと実行委員会を作り、韓国から被害者と支援者をお呼びしていました。緩やかなその時々のネットワークで多様な運動を展開していきました。

そして立法運動（「戦時性的強制被害者問題の解決促進法案」の制定運動）のための議員要請、協力してくれる候補者の選挙運動もしました。しかし、二〇一〇年菅《かん》直人内閣の下での参議院選挙での敗北で立法はあきらめざるを得ず、日本軍「慰安婦」問題は政治的解決を求めていくことになります。

二〇〇三年から一〇年活動した「早よつくろう！『慰安婦』問題解決法・ネットふくおか」の一二人のメンバーは、支援する会のメンバーともダブり、それぞれ個性的で頼もしい方たちです（「ネットふくおか」の活動は第六章1節を参照）。

第二次不二越訴訟の最高裁棄却を機に支援する会は二〇一三年に閉会しました。そして「早よつくろう！『慰安婦』問題解決法・ネットふくおか」も名称を変更し「『慰安婦』問題にとりくむ福岡ネットワーク」として原告たちの被害を記憶に残す活動などを続けています。

二八年通して活動を共にできた方は少ないですが、長短の差はあれ多くの方に参加していただきました。それぞれが現在違う場にいても、関釜裁判と原告ハルモニたちが彼らに与えたものは大きく、ハルモニたちが多くの日本人に出会ってくださったことを私は心より感謝しています。

3　関釜裁判の原告ハルモニたち

関釜裁判の原告は一〇人で、「慰安婦」原告三人（河順女さん、朴頭理さん、李順徳さん）、勤労挺身隊原告七人（朴Sさん、柳賛伊さん、朴SUさん、梁錦徳さん、鄭SUさん、姜YOさん、李YOさん）の計一〇人です。二〇〇三年に最高裁で棄却決定が出た直後から第二次不二越訴訟が始まり、三人（金正珠さん、羅Fさん、成Sさん）が合流されました。

この間、河順女さんは二〇〇〇年五月に八〇歳で、鄭SUさんは二〇〇一年八月に七〇歳で、朴頭理さんは二〇〇六年二月に八一歳で、成Sさんは二〇〇九年四月に七八歳で、姜YOさんは二〇〇九年八月に七八歳で、朴Sさんは二〇一二年一月に八〇歳でお亡くなりになりました。さらに、二〇一七年に李順徳さんが九九歳で亡くなられ、二〇一八年には朴SUさんは八七歳で、柳賛伊さんも同年九一歳でお亡くなりになりました。

二〇二〇年一一月現在、関釜裁判の原告で生存されているのは光州の梁錦徳さん（名古屋・三菱重工道徳工場に動員）と釜山の李YOさん（沼津・東京麻糸工場に動員）だけになりました。錦徳さんは大法院で勝利判決を得、昨年（二〇一九年）九月に日本に来られ、光州の「勤労挺身隊ハルモニと共にする市民の会」の方たちと一緒に三菱重工本社前でアピール行動をされました。八月一五日にはソウルでの市民集会で挨拶しておられます。光州の「勤労挺身隊ハルモニと共にする市民の会」の大活躍と名古屋の支援者たちのたゆまぬ努力に頭が下がります。双方の支援者たちの信頼と友情は梁さんたち被害ハルモニたちへの敬愛の情を基に結ばれていて、日韓両国の次世代同士の交流も始まっていて、遠くで見ているだけの私たちの心を幸福にします。

第二次不二越訴訟の原告で頑張っておられる金正珠さんは、二〇一九年八月一四日のソウルでの強制動員問題国際会議で証言しておられます。彼女は正義感の強い真っ直ぐな方で、パーキンソン病で体調が悪く外に出られないこともありましたが闘う気力あふれる方です。ご自身の被害を韓国内でも日本でも毅然と訴えてこられました。その闘いが認められソウル市の支援が始まり、彼女の長年の「恨」が癒されつつあるのではないかと思っています。他の仲間が見れなかった「夢」、生きて「恨」を解き自由になることが実現できれば、日本人である私の夢もかなえられるのですが……。

力は及びませんでしたが、私たちはやってきたことに後悔はほとんどありません。唯一の悔いはハングルを覚えなかったことです。勤労挺身隊の方々も韓国の支援者も日本語ができたので、それに頼ってしまいついに覚えることをしなくて、朴頭理さんには「通じない」という悲しい思いをさせました。

私たちの人生の宝である関釜裁判の原告ハルモニたちとの出会いをさせていただいた釜山挺対協会長の金文淑さんには本当に感謝しています。

亡くなられたハルモニたちの思い出

〈李順徳さん〉

ソウルのウリチプ（挺対協が作っている被害者のシェルター）にお住まいだった李順徳さん（「慰安婦」原告、被害地上海）。李順徳さんは目がほとんど見えなかったので、福岡に来る時は付き添いで来られる光州遺族会会長の李金珠さんに頼りきっておられました。カトリックの信者であるお二人は朝は四時に起き一時間お祈りされます。そして裁判に行く時は五時から朝食の時間まで当日の意見陳述や尋問の予行演習をしておられました。

写真８　李順徳さんを訪問、花房恵美子と
（2007年5月30日、於ソウル・ウリチプ）

二〇〇九年に訪韓してウリチプにお伺いしたときに「ウリチプに来たことがある人が亡くなってその人の葬式に行ったことがある。棺に入れられて、電気を入れたら、パッと焼けて小さな骨になった。町は土地がないから死んだら焼かれる。オレも死んだら焼かれるだろう。死んだら知らせに行くから『李順徳さん可哀想！』と思ってくれよ。人には目に光があって、死ぬ時は光が体から離れて空に昇っていく。あんたたちのところに会いに行くから会ってくれよ。悲しんでくれよ」と遺言のように言われたのが今も耳に残っています。

二〇一〇年に伺った時、「関釜裁判の下関判決は李順徳さんが書かせたんですよ。順徳さんの証言が裁判官たちの心を動かしたんですよ」と言ったら、「ありがとね。そんな風に言ってくれて」と嬉しそうに応えられました。本当に愛らしいおばあさんでした。

〈河順女さん〉

釜山にお住まいだった河順女さん(「慰安婦」原告、被害地上海)。長い間住み込みの女中をしておられたそうですが、働けなくなり、甥(妹の息子)の家の軒下三畳の部屋で生活しておられました。家の周りはでこぼこの坂道だったので転んで歩けなくなり、日本に来ることができなくなりました。他の原告たちや支援者と共に裁判を闘う時間が短かったのは残念でした。九二年の提訴の夜の支援者との交流会のときに、初対面にもかかわらず支援者みんなにニコニコと握手しておられた姿が目に焼き付いています。

「河順女さんを悼んで」(「関釜裁判ニュース32号」二〇〇〇年七月九日発行より)

二〇〇〇年五月五日、元「慰安婦」原告・河順女さんは心臓麻痺で八〇歳で亡くなられました。

関釜裁判の一〇人の原告の中で初めての死者です。高齢だから考えていなかったわけではないですが、「死」が現実になると胸が締め付けられるように痛み、後悔の念で頭を抱えました。もちろん死に目に会えなかったことではありません。名乗り出て日本国を相手に裁判をしながら、彼女はその思いを貫くことのできなかった人だからです。一九九二年提訴の時、九三年九月第一回口頭弁論で意見陳述された時と計二回来日されましたが、「本人尋問」に耐えることができず、打ち合わせの途中で拒否されてから二度と日本に来られていません。

おしゃれで、かわいいおばあさんで、解放後独身を通し、住み込みの家政婦などの仕事をしていて、働けなくなってからは、甥の家の軒先三畳ほどの処でやっかいになっていました。挺対協を中心に韓国で国民募金運動がなされ、支援金が出たときに靴を八足買って甥を激怒させました。韓国政府から一時金が出てからは、妹さんと釜山の小高い山の中腹で家を借り、穏やかに暮らしておられました。しかし、上海の慰安所から逃げ出して捕まった時に酷く殴られた頭の傷の後遺症で生涯頭痛に苦しめられ、酒とタバコで痛みを紛らわせておられたようです。九四年に家の前で転んで足を痛めてからは外出もままならず、ここ二〜三年は歩くこともできませんでした。

穏やかな「死」であったこと、苦しまずに亡くなられたことがせめてもの慰めなのですが、河順女さんが長引く裁判に気力が続かず、自分の被害事実に正面から向かい合うことなく、逝ってしまわれたことを無念に思います。他の二人の「慰安婦」原告の方が苦しみながら自分の被害と向き合う中で素敵に変わっていかれたことを私たちは目撃しているからです。

李順徳さんは五月一八日に日本に着いて河順女さんの訃報を聞くと、順女さんの遺影を慈しむように撫でながら「可哀そうに。オレと同じ目にあって、子供もいなく、ひとりで……可哀そうに……」と何度もつぶやいておられました。

李順徳さんは昨年夏死にかけたそうで、生還してからは一皮むけたように感情が開放的になってきています。夢の中で白い服を着た白いひげのおじいさんが、扉の前で「おまえはここに来てはいけない。その犬についていきなさい」と白い犬を指さしたという。その犬についていったら湖に入っていって、一緒に彼女も中に入ったら、犬が死んで彼女は目が覚めたそうです。気がついたら寝床の周りで大勢の男女が泣いていて、彼女は死に装束を着せられていました。「死んで」いた時間は四時間だったそうです。李順徳さんは今回の意見陳述で「神様がもう一度生きて裁判する時間をくれた」と語っています。順徳さんは八一歳、朴頭理さんは七五歳、裁判を生きがいにしている彼女たちと生きて共に闘える時間はそう長くないと、今回思い知らされました。一回一回の裁判を大切に、悔いのないようにしたいです。

河順女さんは私たちの心の中で生きていて、傍聴席から原告席にニコニコと座る彼女をみることでしょう。河順女さんは、原告たちと私たちの中で生きています。

〈朴頭理さん〉

ナヌムの家にお住まいだった朴頭理さん（「慰安婦」原告、被害地台湾）。寂しがり屋の皮肉屋さんで観察が鋭く、しかも心が温かくて情が深い方でした。発想が常識的でないので、彼女の発言は一呼吸おいてから理解できて大笑いするのが常でした。お会いするときはいつも顔をくしゃくしゃにしホッホッと笑われる。お酒が入り興に乗ると春歌を歌い喜んでおられました。俊雄に会えば韓国語のテストを「ほら　言え！」とされて、答えに窮すると勝ち誇ったような顔をされました。生命力が強かったのに老人病院の度重なるミスによって寿命を縮められたのは残念でしたが、病院での寝たきり状態でも強い存在感を放っておられました。本当に個性的な方でした。

「惜別　朴頭理さん逝く　ハルモニ、ありがとう！　安らかにお休みください！」（「関釜裁判ニュース50号」二〇〇六年三月二一日発行より）

（二〇〇六年）二月一九日午後六時二〇分、ソウルの安養メトロ病院で朴頭理さんは八一歳の生涯を閉じられました。直接の原因は胆のうがんでしたが、この二年間は火傷と怪我により病院で寝たきりの状態でした。

一九日夜にナヌムの家から電話で訃報が入り、彼女の顔を最後に一目見てお別れしたいと思い訪韓を決めました。翌二〇日午前九時過ぎ、飛行機が満席だったので釜山行きの船をとりあえず予約して雨の中を自転車で飛び出し、博多港中央埠頭へと急ぎました。

三時間の船の中ではハルモニとの楽しい思い出ばかりが次々と蘇ってきて、悲しみは心の底を静かに流れていきました。午後一時過ぎに着いた釜山は驚くほど明るく晴れていました。

午後七時過ぎにメトロ病院に着いて、はじめて朴頭理さんの娘さんとその家族に会いました。

写真９　朴頭理さんを訪問、花房俊雄と
(2001 年２月 13 日、於・ナヌムの家)

あんなにも朴頭理さんが愛し、あんなにも朴頭理さんを困らせた娘さんの憔悴した顔を見、か細い手を握りながらこの方も日本軍「慰安婦」制度の被害者かもしれないと思いました。後で、尹美香さんの報告から娘さんが朴頭理さんの最期を看取った様子を知り安堵しました。

朴頭理さんは一九四〇年に数えで一七歳で台湾に連れていかれ、戦争が終わるまで日本軍の「慰安婦」をさせられ、戦後も苦労して釜山の市場で野菜を売って生計を立てていました。九二年に挺身隊問題対策釜山協議会に申告し（弟が申告）、関釜裁判の原告となり、日本国に謝罪と賠償を求めました。体が弱ってきて仕事が続けられず九三年にナヌムの家に入居しました。

九二年一二月二五日に山口地裁下関支部に提訴したその日に初めて会いましたが、目を伏せてカメラを避けて身を硬くしておられました。その翌日の夜の交流会で突然声をあげて、「日本人はみな鬼だと思っていた。どうしてこんなに優しくしてくれるのだ。私はわけが分からなくなってきた」と泣き出され、私たちは狼狽しました。翌年の意見陳述で日本に来られた時は、こんなに大きい方だったのかと目を見張るくらい背筋を伸ばして堂々としておられました。

九五年の本人尋問の時、裁判長から「あなたの職業は?」と聞かれ、「日本大使館前でデモもしています」と答え、法廷内を沸かせました。九八年四月の下関判決の時は、法律的に勝ってはいても、即時賠償を願うハルモニにとっては敗北でしかなく、怒りをぶつけたい裁判長は退席していなくなっていたので、代わりに弁護士を殴りつけたりしました。二〇〇一年に広島高裁で逆転敗訴の判決を受けた時は「シロ!(嫌いだ)」「シロ!」と叫んで廊下の長椅子に座り込んでしまわれました。

二〇〇三年三月二五日に最高裁で上告棄却決定が出ましたが、裁判は彼女にとって生きがいであり、誇りでした。

朴頭理さんたちが勝ち取った下関判決は逆転敗訴になりましたが、その精神は生きています。

下関判決は「従軍慰安婦制度は徹底した女性差別、民族差別であり、女性の人格の尊厳を根底から侵し、民族の誇りを踏みにじるものであって、しかも決して過去の問題ではなく、現在においても克服すべき根源的な人権問題である」「帝国日本と同一性ある国家である（日本）国は従軍慰安婦とされた女性に対し、より以上の被害をもたらさないように配慮・保証すべき法的作為義務があったにのに多年にわたって慰安婦らを放置し、その苦しみを倍加させて新たな侵害を行った」として被害救済のためにただちに立法化を命じたに等しい判決でした。この判決を受け止めた心ある国会議員により「戦時性的強制被害者問題の解決の促進に関する法律案」として二〇〇〇年に参議院に提出され、上程廃案を繰り返し、今国会にも提出されようとしています。厳しい状況ですが、何とか早期制定させたいと願っています。

朴頭理さんはやれることをして逝かれました。後は私たちの問題です。

思い出は次々と蘇り、朴頭理さんは私たちの中で生き続けます。

朴頭理さんに出会えて感謝しています。安らかにお休みください！

〈朴Sさん〉

朴Sさん（不二越原告、在ソウル）。彼女は二〇回来日されていて、原告の中で一番日本に来られました。頭の良い方で周りに気を使い普段は控えめですが、裁判への思いが最も強く肝心な時にはきちんと発言されました。九八年下関判決を受けて控訴審を闘うに当たって、釜山で勤労挺身隊原告たちと支援する会の話し合いを持った時に、裁判をしても意味がないのではないかと迷う他の原告たちを「闘って勝とう！」と鼓舞されました。

ご自分が下関で怒り泣く姿を韓国でテレビ放映され、周りの人から「慰安婦だったのか」と疑われ、家族から裁判をやめてくれと懇願されて、怒りで軽い脳溢血を起こされたにもかかわらず裁判を継続することに躊躇がありませんでした。

二〇〇五年から徐々に認知症の症状が重くなって、亡くなられる前年より私たちのことが分からなくなっておられましたが、目は強い光を放っていて、気の強い童女のような仕草は彼女の世界で尊厳をもって生きておられると思いました。国民学校時代の恩師・杉山とみ先生に妹のように甘える彼女の姿が目に浮かびます。

「朴Sさんを悼んで」「関釜裁判ニュース60号」二〇一二年七月二九日発行より）

二〇一二年一月二〇日、朴Sさんは永眠されました。関釜裁判の一次原告で、裁判への思いは最も強く、裁判の中では原告団長のような役割を果たされていました。

幼いときに連れていかれた不二越での重労働で、帰国後肺結核に罹り、婚期が遅れ、結婚しないつもりだったのに、弟がいるため結婚を急がされ、結婚したつもりが相手に妻子がいたという。一番つらかったのは一人息子が婚外子となるのを避けるために「戸籍を買った」時だったと聞きました。

その夫が病気をして、本妻から追い出され、彼女の家に転がり込んできたので、息子夫婦に気兼ねして暮らしてきたとのこと。ただ、夫は日本で学生時代を過ごした人なので、彼女の裁判には理解があったようです。

彼女の人生を暗転させた不二越への強制動員に対する怒りと無念の思いは強く、釜山挺対協への申告は一番早かったと聞いています。未来を奪われた悔しさを何度も、我が家の台所で、居間で、寝室でお聞きしました。

九八年下関判決で「慰安婦」原告は勝訴したのに、挺身隊原告は敗訴し（彼女は負けるはずがないと思っていた）怒りと悲しみの感情を解き放ったのだが、その映像が韓国のＴＶで放映され、教会関係者や親戚から「慰安婦だったのか」と疑われ、二次被害を受けました。悔しさで軽い脳溢血をおこされました。多分、この後遺症が後の認知症へと繋がっていったのでしょう。

裁判を継続するか否かで悩む他の挺身隊原告の中で控訴への強い意志を示し、皆を引っ張っていかれました。

二〇〇一年、広島での控訴審判決を前に彼女は「自分たちのことを韓国の人たちが知らないことに腹が立つ。『慰安婦』と間違えられて嫌だというより、本当の意味で挺身隊とはこういうことをしたと理解されていないことが悔しい。裁判は八割は諦めているが、二割は希望を持っている。判決を前にして『絶対勝つ！』と言いたい」と語られました。

今年（二〇一二年）五月二四日に出された韓国大法院判決を彼女に聞かせたかった。どんなにか喜ばれたことだろう。間に合わなかったことが無念です。

認知症が進み、私たちがわからなくなって童女のように笑っていた彼女の顔と、強い意志を示して凛としていた彼女の顔が交互に浮かび、私はどちらもとても懐かしい。

九三年に国民学校時代の担任だった杉山とみ先生と感激の再会をされ、先生にはずっと気にかけてもらって、ずいぶん慰められたようです。

昨年六月にお会いした時の穏やかなお顔が蘇ります。朴Sさんは日陰を歩かなければならなかった恨多いご自分の人生と和解されたのではないかと私は思います。

息子さんが日本の支援者に感謝しておられました。安らかな最期だったようです。

Sさんに出会えて良かった。Sさんが大好きです。と今生では伝えられなかったので、彼の地で再会したら私は真っ先にそう言いたいです。

ご冥福をお祈りします。

〈朴SUさん〉

おしゃれで器用な朴SUさん（不二越原告、在釜山）。淋しいときには日本の歌を唄って自分を慰めていたそうで、「影を慕いて」などの歌詞を日本語で書いて眺めておられました。日本語の歌集が大好きでした。「日本ではお腹がすいて道端のせりを食べてお腹をこわしてつらかったけれど、今は日本が懐かしい」と。彼女を生涯苦しめた不眠症は同居人も苦しめるので、晋州で一人暮らしをされていましたが、老いの深化のなかで自立と孤独の厳しさを味わっておられました。

SUさんは、二〇一五年には釜山の娘さんに引き取られ、危うい一人暮らしを心配していたこちらは安心していたのですが、翌年家で転んで股関節骨折をして寝たきりになり、床ずれと認知症が進行して二〇一八年一月にお亡くなりになりました。

「朴SUさんを追悼して」（二〇一八年一月二一日記　関釜裁判を支援する会のHPより）

朴SUさんが二〇一八年一月九日の午後一〇時四四分に亡くなられました。享年八七歳でした。葬儀は長男さんが住む慶尚南道の宜寧《ウィリョン》で行なわれ、日本からは葬儀には間に合わず残念ながら参列することができませんでした。

一昨年（二〇一六年）春に、引き取られていた釜山の娘さんの家で転んで股関節骨折をして寝たきりになっていました。昨年五月には床ずれがひどくなり、肺炎になって集中治療室に移られていて、医者から長くないだろうと言われていました。一時持ち直しましたが、ついに帰らぬ人となられました。

不二越での女子勤労挺身隊時代、連日の空襲警報による恐怖と緊張と睡眠障害とで、帰国後もずっと不眠症で苦しまれてきました。不眠で体が衰弱し、入院して点滴し体力を取り戻す事を繰り返されていて、胃がんの手術もされました。

空襲警報による後遺症で大きな音には神経過敏になり、アメリカでの9・11テロのニュース映像で富山での恐怖がフラッシュバックして、心臓がバクバクしてテレビを見れなくなったと言っておられました。

皇民化教育の優等生で一四歳のとき「愛国するため」に志願した勤労挺身隊、そこでの思いもよらぬ重労働、「裏切られた」との思いと「愛国しなければならない」との思いに引き裂かれ、戦時下の恐怖と空腹と重労働に心身を病んでしまった朴SUさん。生涯薬を手放せず、心身の病気と向き合いながら、必死に生きられた戦後の七二年余り……

SUさんは日本の歌が好きで、おしゃれで、料理上手な素敵なおばあさんでした。裁判所からの帰りの車の中で、宿泊地で、挺身隊時代に流行った演歌や軍歌の歌詞を正確に最後まで歌われました。その記憶力に感嘆したものです。

彼女が裁判の過程で同じ被害にあった仲間たちや支援する日本人たちと共に闘い、笑い、歌い、激昂し、涙し、喜んだ日々は彼女にとって「青春」ではなかったかと思います。彼女の「恨」多き人生が少しでも癒され、彼の国への旅立ちが安らかであることを願っています。

朴SUさんのご冥福を心よりお祈りします。

〈柳賛伊さん〉

いつも毅然としてご自分の生活のペースをどこでも貫いていた柳賛伊さん（不二越原告、在釜山）。入院していた釜山の療養病院で椅子兼用の歩行補助器具を使って院内をよく「散歩」しておられました。もう食事の準備も家事もできなくなったので、家族に迷惑をかけるだけだし、息子夫婦も働いているし、孫たちも独立したので、お嫁さんを自由に楽にさせてあげたい、それで貯めていた少なくない金額を息子に全部渡し、この老人病院に入りたいと言ったとのことでした。息子さんは当然驚き反対しましたが、病院を見学してみて、いいところだし、お母さんの決心が固いので同意してくれたとのことでした。韓国の老人病院は政府が半額を補助してくれるので、賛伊さんの場合は月額四〇万ウォンでいいので安心だし、三食食べさせてくれるし、何の心配もいらないのでよかった、料理が少し口に合わないのだけが難点だと笑っておられました（彼女は料理上手で、彼女の作るキムチは絶品でした）。病院は家からも息子夫婦が働く事務所からも、娘たちの家からも近く、動けなくなる前に情報収集していた彼女の自立心に驚かされました。そして、本当の意味で賢い人だと改めて尊敬しました。余りのいさぎよさ、人生の終い方に胸が熱くなりました。大いなる人生の先輩でした。

「柳賛伊さんありがとう!」(二〇一八年六月一三日記　関釜裁判を支援する会のHPより)

悲しいお知らせです。今年(二〇一八年)、二月二〇日午前一一時に関釜裁判の原告で不二越裁判の原告でもある柳賛伊さんが釜山の老人病院で亡くなられました。享年九一歳でした。

私たちは毎年訪韓し原告ハルモニたちを訪ねて交流を続けてきましたが、今年はソウルで不二越の原告団と韓国の市民団体と日本側の支援者たちの交流が企画されていた(五月三一日)ので、それに合わせて訪韓し、久しぶりに皆さんにお会いできると楽しみにしていました。釜山に会いに行くとの電話をしても繋がらなくて、賛伊さんの息子さんに電話をして彼女の逝去を知りました。

五月二九日釜山の金海空港に福岡から三人で着き、賛伊さんの息子さんにお会いし、お母さんのことをお聞きしました。

昨年の夏頃から歯茎がなくなり、入れ歯が入れられなくなり、噛めない、食べることが苦しい状態になっていたそうです。毎日おかゆだったので、飽きてきて、飲み物だけで食べないので、目に見えて痩せてきたので、病院側から放置できないので鼻からチューブで栄養を摂るように説得されても、ハルモニは拒否されたそうです。体力が落ちるに伴って気力も落ちてきたそうですが、最後まで最新のニュースを見ていて、社会問題に興味が深かったし、自分が死んでもいつかは解決する(強制動員強制労働問題)と確信をもっていたそうです。母として五人の子供に教育を受けさせられなかったので、不二越から補償金を貰えれば多少にかかわらず子供たちに分け与えたい。それが願いだと。「日本の方には宿、食事、裁判と遠くからも支援してもらった。在日の人も応援してくれた。一日でも長いのに二五年間いろんな支援を頂いて、塚本さん、一兵さん、たくさんの人、忘れられない。恩返しができないので申し訳ない」。賛伊さんの最後の言葉を伝えていただきました。息子さんと三時間以上会話して、賛伊さんが家族の方々にご自分の裁判のことを詳しく話されていたことを知りました。いろんな裏話も知っておられて大笑いしたり、感慨にふけったりしました。

賛伊さんはどこにいてもご自分の生活のリズムを崩すことがなく、早寝早起き、食事前の散歩、しっかりご飯は食べて、間食・甘いものはとらない、また、ご自分の意見をはっきり言い、陰でモノをいうような方ではなく、いつも毅然としておられました。そして、逝き方もまた潔く、胸が熱くなりました。遺骨は遺言によって海に散骨したそうです。

昨年お別れした時の彼女の表情を思い出します。お別れするとき、いつもは「また来年ね！」とお互いに言うのに、賛伊さんは何も言わず私たちの顔をジッと、長い間見つめて、信じられないくらい強い力で私たちの手を握られました。

あれがお別れの挨拶だったんだ、彼女にとって私たちとの別れの挨拶は終わっていたのだと思うと胸が締め付けられます。

柳賛伊さん、ありがとう！あなたに出会えて嬉しかった、楽しかった！

安らかにお休みください。

4　メンバーの思い

（1）関釜裁判を支援する会に参加しての感想（ＭＪ）

※この感想は二〇一八年九月に書かれたものです。

関釜裁判を支援する会に、自分がなぜ一〇年近くも参加させていただけたのか、その理由を考えてみます。

当時の参加理由は、日本と韓国の歴史や交流の延長であったり、フェミニズムへの関わりでした。それはそれで、真剣に取り組んでいました。しかし、今振り返って、さらにそれらの理由の奥に、自分個人の共感があると分かります。

それは、孤独と不安と怒りです。

子どもや思春期の人間にとって、辛いこととは、どういうことでしょうか。もちろん、いろいろなことがあるでしょうが、その中に、「自分の将来に希望を感じることができない」状況も、あるかと考えます。

日本のある漫画家が、貧しい港町で育った環境について、以下のようなことを、述べています。

「幼いころ、自分の周りには、幸せそうにしている大人や、楽しそうにしている大人がいなかった。夫婦喧嘩や家庭内暴力は、日常あり、そのための薬物中毒やアルコール中毒の光景が続く。そういう環境で、自分もまたそうなるのだろうと想像すると、将来の不安で潰れそうな幼い毎日だった。いつもいつも、そういう不安と絶望で頭がはちきれそうで、笑顔の無い子供であった。」

少々私事になりますが、私は、今年四四歳です。幼いころは、いじめや勉強の成績圧力が激しく、そのような環境に全くなじめず、「この子は表情が乏しい」とよく言われていました。当時の自分は、なぜそのように表情や集中力に乏しい（時には全く無い）のか分かりません。が、多少大人になった今では、そうなっても仕方無い……と感じます。保育園から小学校卒業まで、歯はボロボロで、鼻血がよく出て、中耳炎や結膜炎に絶えずかかり、いつもおでこやこめかみが痛んで、眠れない毎日でした。

なお、他の友人や大人は、他人に八つ当たりしたり、暴力を振るったりして、自分を守る人も多数いました。しかし、私は性格上、そういうこともできず、内側にため込んで、苦しむ時間でした。そのような環境に長く生きざると得ない中で、心のどこかに、しかし明らかに、動かない石のような部分ができてしまいました。また、生き物としての生命を維持するためには、そうせざるを得なかったのでしょう。

私は、支援する会に参加しているころから、被害者たちの戦後についての言葉に、どこか共感していたのかもしれません。暴力を受けた体で、また、労働の強制を受けた体験を持って、原告たちそれぞれの家族関係や仕事がもちろんあるのですが、韓国社会で生き抜くことが、どのように心身にとって辛く厳しいのか。それぞれの当時の生活に幸福や、あるいは、その延長の将来の生活に希望を感じることが、とうていできない時間を、どれほど経てきたのあろうか。現在でももちろん、当時の韓国社会で、人に話せない体験、怒り、孤独、絶望を、その人独り心の内に膨大にため込んで、それでもなんとか日常を過ごしてきたのだろうと想像するのです。

・戦後の辛い時期に、川べりで独り軍歌を歌って過ごした時間
・戦争中の体験から、家族関係がうまくいかず、それでも黙々と家事をこなしてきた時間
・どうしようもない投げやりな気持ちから、酒とたばこと共にあった時間
・話したくもない体験を、何度も人前で話す必要があり、やりきれない気持ちになる時間

原告の方々が、どのような体験をされたのか、裁判の過程で次々と明らかになり、原告のPTSDに関する調査や論告もなされました。

ただ、私は、下関や広島での移動の中、公判の中、交流会の中での原告の方々の、ほんの一瞬の無表情に、私は、原告たちの壮絶なまでの、凄惨なまでの、孤独を見るような気持ちになっていたのです。原告たちの戦中戦後と、私個人の育った環境では、全く違うことは当然だし、孤独や絶望も、壮絶さや圧倒さにおいて、また全然違いもします。しかし、それでもなお、原告たちと過ごす時間は、私にとっては、本当にかけがえのない体験なのでした。大きさは違っても、どこかで、同

じような石を、心に抱えていらっしゃる方々も多いのではないのかと。

私は未だに、孤独や絶望を抱え、本心から笑うことも、また、悲しむこともできません。人によっては、「Mは冷静だ」と言われますが、単に、心のどこかが石化し、無表情なだけなのです。

原告のみなさんとの交流を通じて、生き生きと（原告によってはその時だけでも）なっていく様子を拝見すると、話し声も香りも料理の味も、私は、一瞬感じなくなるほどでした。何か言葉は無いかと、探すことも度々ありました。

では、関釜裁判を支援する会への参加の結果、石化したような心が変化したり、また、将来への不安が減ったかというと、そうでもありません。ただ、原告たちの生き様に少しでも接することができ、真剣にかかわろうとしたので、やはり、かけがえのない時間なのです。

原告の方々や、それに関わる皆さんに、感謝感謝の時を過ごしています。

本当にありがとうございます。

（2）関釜裁判とわたし（井上由美）

わたしは一〇代の頃から韓国という隣国に関心を持っていましたが、当時の韓国は朴正煕大統領の軍事政権で、反政府活動は弾圧され、一九七九年に朴大統領暗殺、そして八〇年に光州事件が起こります。ちょうどわたしが高校生の頃でした。

事件を扇動した、と金大中氏が逮捕され死刑判決を受けたことは一七歳のわたしには衝撃でした。「あの人を殺しちゃいけない！」と思うものの、田舎に住む女子高生には何もできません。どうか死刑になりませんように、と祈るだけでした。だから死刑から無期懲役に減刑されたとき、とてもほっとしたのを覚えています。

韓国への関心から、在日コリアンへの差別を知り、義憤を感じたわたしは「こんな差別は、なくさなきゃいけない」と思いました。若さゆえ純粋だったのでしょう。でもそういったことが、のちのちの関釜裁判支援運動につながったのだと思います。

大学では西洋史を専攻し、ワイマール共和国成立前後の労働運動が卒論のテーマでした。そして韓国では民主化運動が活発になり、韓国の「政治の季節」はまさにわたしの青春時代と重なっています。韓国で「三八六世代」と呼ばれた彼らは、わたしと同世代に当たります。

ある日、わたしは「ドイツの戦後補償」をテーマにした講演会のチラシを見て、会場に行きました。ドイツ史を大学でやったこともあって、ドイツのニュースにもずっと関心を寄せていました。当時はベルリンの壁崩壊、東西ドイツ統一と激動の歴史を目の当たりにしていました。日本がアジアに対しておこなった戦後補償を思えば、ドイツの、ナチス時代の蛮行に対する反省とユダヤ人らへの補償は、ずっと真摯で手厚いものに思えました。

そのときわたしは講師の先生に質問をしたのですが、ちょうどその会場に来られていたのが、花房ご夫妻でした。講演の後、わたしは花房俊雄さんから、関釜裁判の学習会に来てみませんか?と声を掛けられ、それがその後、長く続く「関釜裁判を支援する会」とのご縁の始まりです。

それ以前にも、日韓問題や戦時中の日本によるアジアからの「強制連行」に関する本などはよく読んでいましたが、実際に原告の女性たちの苦悩を前にすると、改めて、日本が切り捨ててきた、アジアの犠牲者と日本の罪を痛感しました。

わたしはカルチャーセンターで初歩の韓国語を勉強していましたがいっこうに上達せず、原告の皆さんと韓国語で意思疎通ができなかったのが残念でした。けっきょく、日本語で話すことになり、母語を奪われ、強制された言葉での会話に終始したのは申し訳なかったです。そんなとき、韓国語が堪能な、日本語講師のA君や福留範昭さんの通訳に幾度も助けられました。

わたしは当時「ワープロが使える」というその一点だけで、いつのまにか「関釜裁判ニュース」の編集長をする羽目になってしまったわけですが、裁判の様子や、原告の背景をきちんと支援者に伝えるために、この会報紙は大きな役割を果たしたと思います。当時はインターネットが普及しておらず、花房さんご夫妻宅でアナログな手作りの作業をおこない、ページ数が多い時には、編集も夜遅くまでかかったりで大変なことも多々ありましたが、何より、花房さんのあたたかいもてなしで食事を頂いたりと、今思えば充実した時間でした。

時々、戦後補償の研究者や弁護士を招いて講演・学習会をおこない、そのテープ起こしもわたしがよく担当しました。喋り言葉ですから、そのまま紙面に載せるのは無理なので、お話をいかに簡潔にわかりやすく、そして講演会に来なかった人にも、講師の熱意が伝わるように苦慮しながらまとめるのですが、これは本当に勉強になりました。

一九九八年の山口地裁下関支部での一審判決は、「一部認容」という画期的なものでした。わたしは有給休暇を取って裁判所に駆けつけましたが、「慰安婦」たちの被害は女性差別、民族差別が背景にあるものだ、とする内容に、歴史的判決だ、と思いました。しかしながら、その後の上級審では敗訴が続きます。そしてその頃から、世の中がどんどん変わっていくのを実感しました。「従軍慰安婦」の存在が明らかになってきた頃、マスコミは彼女らに同情的で、あの「週刊ポスト」でさえ「慰安婦の慟哭の叫びを聞け!」などといった記事を載せていたほどでした。ところがいつのまにか「従軍慰安婦は捏造された歴史」「金ほしさに訴訟を起こしている」といった見当違いなバッシングがはびこりだします。やがて、ネットやスマホの普及につれ、ネット空間での暴言がひどくなり、戦後補償問題は日韓の政争の具のような扱いになっていきました。

一番肝要なのは、被害者たちがどんな被害を受けたかを明らかにし、その傷を癒すこと、そしてこんなことが二度と起こらないようにすることなのに、それと離れたところで、被害者の名誉が傷つけられ、二次被害を生み出している、それはとてつもなく悲しいことでした。「新自由主義」が社会に広がり、日本経済はかつての輝きをなくし、シャープは台湾に、東芝の家電部門は中国に売られ、韓国や中国にかつて経済大国といわれた日本の地位を脅かされるという状況も、「嫌韓」「嫌中」に拍車をかけたのだと思います。

関釜裁判の支援に、ささやかながらかかわったひとりとして思うのは、人間の崇高さです。多くの人たちが原告たちに寄り添い、思いやって、心を尽くしてきました。特に事務局の花房さんご夫妻の献身的な行動には頭が下がります。それは「ちゃんと歴史を伝えたい。そして日韓の関係をよりよくしていきたい」、そういう気持ちが誰もの心にあったからだと思います。多くのご苦労を背負った原告のみなさんが、日本に来て交流会で見せた笑顔に、少しでもいい思い出ができたなら本当によかった、と思いました。彼女たちこそ、ほんとうの歴史の証人です。思い出したくないことを思い出して、法廷で証言してくださいました。

煙草好きで、わたしが吸っていた「マイルドセブンスーパーライト」をプレゼントしたら喜んでいた朴頭理さん、恩師の杉山とみ先生を何十年たった後でも慕っていた朴Sさん、「もし裁判に勝って補償金が出たら、花房さんにごちそうするよ」と言っていた李順徳さんなど、原告の皆さんの顔が今でも浮かびます。李順徳さんの言葉には、涙がこぼれそうになりました。

日韓関係が最悪だ、と言われます。

しかし、長く関釜裁判支援にたずさわってきた人たちは、誠意をもって接すれば、理解が深まっていくこと、政治家がどうであろうと、その結果深まった友情が確固たるものであることを知っています。

関釜裁判の支援運動は、日韓の対立などでなく、日韓の絆を強めて歴史の礎になっていくことを信じてやみません。

おわりに

原告のハルモニたちに寄り添って二八年、今思うこと

関釜裁判と第二次不二越裁判に合流した原告合わせて一三人のうち、その多くが望みがかなわないまま、お亡くなりになりました。

原告たちが何よりも望んだのは、自分たちが受けた被害の事実と痛みに日本政府や企業がきちんと向き合って真剣に受け止め、心に届く謝罪を受け取ることでした。そして、その証としての賠償でした。日本政府は慰安婦被害者たちに「女性のためのアジア平和国民基金」と「日韓合意」の二度にわたる解決を試みましたが、被害者の心に届くものではありませんでした。女子勤労挺身隊被害者たちは、加害企業に訴えに行っても門を閉じられ、会社側責任者と会うことすら拒まれるという冷酷な対応をされてきました。「約束を破ったことを謝ってほしい」「働いた給料を返してほしい」という、つつましい要求すら拒まれ続けてきたのです。私たちの力のいたらなさが情けなく、

申し訳ない思いで、一人一人の原告を見送らざるをえませんでした。

しかし、在りし日の原告たちとの交流の日々が色あせることはありません。鮮やかによみがえります。原告のハルモニたちと出会えたこと、その思い出は私たちの人生の宝物です。

裁判が始まった頃は、硬い表情で来ていた原告たちが、来日を重ねるにつれて明るくなっていきました。裁判を通して自分の受けた被害と向き合い、裁判官と日本国の代理人に訴え、抗議する、それを多くの支援者が深い共感をもって受け止め、敬愛の念をもって支えてきたなかで、原告たちは確実に変わっていきました。縮こまっていた背筋が伸びてゆき、私たち支援者との仲も親密になっていきました。

裁判で来日を繰り返すうち、我が家に着いた原告たちは、手作りのキムチなどを冷蔵庫に収め、まるで息子夫婦の家に来たような感じです。公園の散歩では野草を摘んできて、いろいろな料理を教えてくれました。福岡に台風が来れば、すぐにハルモニたちから心配する電話がかかってきます。裁判を重ねるにつれ原告たちとの付き合いは、みんなを見送るまで続くライフワークになると感じるようになりました。

二〇〇三年最高裁で敗訴して以降は、毎年私たちが韓国に行き、原告を訪ね歩く旅が始まりました。釜山、普州、光州、ソウルと原告たちや韓国の支援者たちを訪ねて廻ります。ハルモニたちの家に招かれて泊まったり、一緒に旅をして安い韓式旅館で過ごしながら、「慰安婦」問題の立法運動の経過や、第二次不二越裁判の報告を含めて、おしゃべりに花が咲きます。このような韓国訪問を繰り返すうち、原告たちが一人、一人と亡くなっていき、冬になると「この冬を越せるだろうか？」と不安で、安否を確かめる電話をするようになりました。会えばうれしく、去るときは、悲しそうに見送るハルモニを振り切るようなつらい別れになってゆきました。

裁判に勝てなかったし、原告たちの心に届く謝罪も、賠償もないまま原告たちを見送るのはつらい旅でもありました。しかし裁判で闘い、支援者たちとの交流を通して、原告たちが閉ざしていた過去を開き、自尊感情を高めてゆき、誇りを取り戻していったことはとてもうれしいことでした。

日韓のナショナリズム対立の負のスパイラルをどう乗り越えるか

原告たちと出会って二八年間、「戦後補償問題の解決を通して、被害者たちの尊厳の回復と被害国・被害国民との和解を実現したい」という願いで、裁判支援運動や立法運動に取り組んできました。しかし今、両国と両国民の関係は裁判が始まった頃より悪化し、やりきれない思いに駆られます。その背景には両国に慰安婦問題を民族主義の視点からとらえる傾向が強すぎると考えるようになりました。

韓国の慰安婦問題を取り上げ、解決運動を進めてきた挺身隊問題対策協議会の初代共同代表の尹貞玉元梨花女子大学教授は、二〇〇六年日本でのシンポジウムで日帝時代の体験を述べています

（『平和を希求して』白澤社、二〇〇三年）。

クリスチャンであった父親が神社参拝を拒否していたため特高警察に目を付けられ、一カ月に一度ぐらい家宅捜査をされていました。真夜中の一二時過ぎに特高が靴を履いたまま妹と二人で寝ている部屋に入り、日記帳を無断で検査し、箪笥の引き出しから下着を含めた衣服を投げ出して点検します。「このとき私は骨の底まで沁みる屈辱以上のものを感じました。あのとき日本人刑事の手がどんなに汚らわしく思えたことか。私は日本人刑事から憎悪という感情を習いました」。

また日本の雑誌『論座』（一九九七年一二月号）に寄稿して、「一九四三年、ソウルの梨花女子専門学校（現梨花女子大学）に入学した。当時の朝鮮は『挺身隊として軍需工場や軍隊食堂、あるいは野戦病院で働けば、お金がたくさん稼げる』といって、少女たちが連行されていった時代だった」。秋ごろ「一年生が本館の地下室に招集された。そこで私たちは、ある書類に拇印を押すようにいわれた。いま考えてみれば、その書類は国家総動員令だったと思われる。筆者は父の意見を聞き、その翌日に退学した。」

「このような経験が私に重なって、日本の敗戦後、連れていかれた挺身隊の娘たちの消息が気になったのかもしれません。」（二〇〇六年のシンポジウム）

もう一人の挺身隊問題対策協議会共同代表の李効再《イヒョジェ》さんの父親は同じくクリスチャンで、神社参拝を拒否したために刑務所に入れられています。

彼女たち自身が日帝の植民地支配下で、とてもつらい目に遭い傷ついています。そして同世代の貧しい家の女性たちが慰安婦にされたことを知らなかったのを恥じています。このような経験から、挺対協の指導者たちは慰安婦問題を日帝の植民地支配下で受けた民族の被害を象徴する問題として位置づけてきました。この問題が日本の国会で最初に取り上げられた一九九〇年六月六日、日本政府は「業者が連れ歩いたもので、国は関与していない」と嘘を言って国の責任をごまかそうとしたこと、国の責任を認めた後も国民から集めた基金で「償い」をしようとした態度に「いまだ反省がない日本」と不信感をさらに深めました。

日本政府は「日韓条約、日韓請求権協定で植民地支配下の被害の請求権は法的に決着済みで、人道的な立場からの償い」として「国民基金」を推し進めてきました。しかし韓国社会では、日韓条約は日本政府が植民地支配を「合法」として譲らず反省していない象徴と見なされています。

慰安婦問題をめぐる日韓の対立の背景には、日本側の朝鮮植民地支配を当時の帝国主義の時代には「合法」として、軍事的な侵略と強占、資源やコメの収奪、日本の炭鉱や企業、軍隊への強制連行、そして日中戦争と共に開始された皇民化教育、創氏改名、内鮮一体に代表される朝鮮民族の誇りとアイデンティティーを根こそぎ奪おうとした残酷な支配への反省の希薄さがあります。とりわけ反省が絶無で、今なお韓国や北朝鮮を差別し、見下し、慰安婦問題の軍や国の責任を否定する歴史修正主義者たちへの怒りが被害をより強く強調する心情は、立場を変えて考えると理解できるものです。

一方、日本側の嫌韓ナショナリズムの背景にはもう一つの側面があります。私たちの店に食事に来る会社を定年になった男性で、中国や韓国に対する嫌悪感情を吐露する方たちがいます。彼らの主張は「日本は中国や韓国が経済的に苦しい時に、資金援助や技術援助を真剣にしてきた。その結果、経済的に発展し、日本と肩を並べるようになると手のひらを反すように歴史問題を蒸し返し、謝罪しろ、賠償しろと果てしなく要求してくる。日本を見下している」というものです。これまで差別して、見下していた者が態度を変えて対等になった、あるいは見下していると感じる怒りです。定年後に始めたインターネットや本屋で平積みされている嫌韓本や嫌中本に出会い共感する、あるいは定年後の孤立感を国家ナショナリズムで埋めていくようです。そして今では中国は経済的・軍事的に大国になり、追い抜かれたことを認めざるをえず、中国への対立感情は低下し、その分余計に嫌韓感情にシフトしているようです。

先述したように、裁判が始まった一九九〇年代の日本社会はバブル経済がはじけたとはいえ、戦後長く続いた高度経済成長の余波が続いていて、戦後補償運動に好意的な雰囲気がありました。

しかしソビエトや東欧の「社会主義国」の崩壊以降、「資本主義社会の勝利」を謳うアメリカが主導するグローバリズムと新自由主義政策が世界を席巻していきました。労働政策が激変し、正規雇用労働者が細り、非正規雇用が広がり、戦後の日本社会を支えてきた「正規・終身雇用」の企業共同体は縮小・崩壊していきました。重工業と家電産業中心の高度経済産業から、ＩＴ産業へのイノベーションの変化に乗り遅れた日本社会は、この三〇年間経済的な停滞がつづいています。不安定な雇用と、結婚できない低賃金の若者たちが「自己責任」として放置され、家族や社会的コミュニティーに恵まれない人たちが増えつづける社会に変化してきました。そして、自国第一主義、排外主義的なナショナリズムを煽る強い政治指導者を求めるようになりました。アメリカのトランプ政権、日本の安倍政権、そして世界の国々にリベラリズムの退潮とナショナリズムと排外主義の台頭が広がっています。

戦後補償運動の二八年間は、このような日本社会の激変期でもありました。日本人は他者を思いやる余裕を徐々に失っていきました。農村、都会を問わずコミュニティーの縮小と崩壊、孤立化と貧困化、自己肯定感の低下の鬱屈が広がる社会になっています。こうした孤立化の寂寥感と自己肯定感の喪失を埋めるものとして、国家との一体感と排外主義＝狭小なナショナリズムに絡めとられた愛国主義が広まっています。長く続く戦後補償問題、なかんずく何度も「解決」に失敗し、繰り返される慰安婦問題にやりきれなさを抱くような雰囲気が一般の日本人の間に広がっています。「新しい歴史教科書をつくる会」などの主張に共鳴するネット右翼が広がり、嫌韓感情が高まっていきました。このような人々が二〇一二年末から二〇二〇年九月まで続いた安倍政権のコアな支持層として長期政権を支える一方、在日韓国人・朝鮮人を排撃するヘイトスピーチが広がりました。

二〇一六年四月に起きた熊本地震の際に、「朝鮮人が井戸に毒を入れている」という関東大震災のデマを彷彿とさせる内容がインターネット上に飛び交いました。このデマを批判するのではなく、「地震などの非常時、在日外国人は何をするかわからないから危険だ。自警団を作って備えるべきだ。結果としてリンチなどが起きてもやむを得ない」と主張する市議会議員が福岡県に現れました。

私たちは、「公人のヘイトスピーチを許さない会」を在日韓国人のメンバーと共に急きょ立ち上げ、謝罪と撤回を求めて闘ってきました。同じような国会議員や地方議員が残念ながら年々増えてきていて、とても危機感を覚えます。

私たちは今、排外主義と自国第一主義の感情的な言説が飛び交う、とても危うい時代に生きています。だからこそ私たちは今、戦争や植民地支配の被害と加害を語るとき、感情にとらわれて必要以上に相手を刺激し合わないように、冷静な裏付けのある歴史認識を研究し、共有し、次世代に伝えていき、被害者個々人の尊厳が回復できるようにしていきたいと強く願います。

二〇二〇年一二月

花房俊雄

資料

1　労務動員計画ニ依ル移入労務者事業場別調査表（昭和十九年一月末現在）福岡県（出典＝特別高等課「昭和十九年三月提出　移入半島人労務者ニ関スル調査表」福岡県『縣政重要事項』昭和十九年七月）
2　飯塚市埋火葬認可証の分析
3　鞍手郡小竹町埋火葬認可証の分析
4　戦時性的強制被害者問題の解決の促進に関する法律案（第一五〇回国会・参第九号）
5　「戦後責任を問う・関釜裁判を支援する会」活動関連年表（一九九一年〜二〇一九年一月）

〈資料１〉労務動員計画ニ依ル移入労務者事業場別調査表（昭和十九年一月末現在）福岡県

事業別	事業場別	移入者数	逃走者数	不良送還者数	其他帰鮮者数	現在員数	備考		
							死亡	発見再就労	既住労務者
	麻生 鉱業所	7,996	4,919	107	654	2,903	56	643	785
	三菱飯塚 鉱業所	3,127	1,641	23	338	1,337	11	225	243
	三菱 鯰 田 鉱 業所	3,313	1,393	68	439	1,522	27	136	66
	住友忠 隈鉱業所	3,081	1,631	4	301	1,266	27	148	93
	東邦天道 鉱業所	1,303	993	4	58	316	6	73	70
	明治明治 鉱業所	2,181	1,192	73	464	583	1	136	41
	明治平山 鉱業所	2,487	1,365	67	441	796	13	195	4
	日炭新山野 鉱業所	1,353	1,018	4	63	420	10	162	57
	三井山野 鉱業所	5,070	2,233	54	503	2,539	19	278	21
	嘉穂鉱 業所	2,754	1,293	25	245	1,245	23	77	19
	日鉄二瀬鉱 業所	2,555	1,076	25	124	1,520	5	195	33
	日鉄遠賀 鉱業所	7,689	4,604	236	739	2,749	46	793	139
	貝島大辻 鉱業所	2,325	1,635	32	278	525	17	162	16
	大正中鶴 鉱業所	3,129	1,256	157	150	1,657	11	102	10
	金丸大 隈鉱 業所	335	259	15	25	55	4	23	21
	海老津 鉱業所	599	486	3	25	122	1	38	211
	東邦鞍手 鉱業所	1,247	763	2	121	406	9	54	90
	九採新手 鉱業所	2,693	1,876	5	132	831	8	159	168
	貝島大 之浦 鉱業所	7,930	3,963	125	729	3,444	58	389	217
	古河目尾 鉱業所	2,476	1,551	25	414	799	10	323	154
	三菱新入 鉱業所	2,938	1,408	65	418	1,272	20	245	80
	九曹西川 鉱業所	458	358	3	16	110	-	19	60
	日満新目尾 鉱業所	1,268	854	8	145	351	7	97	123
	金丸高谷 鉱業所	186	118	3	14	53	2	4	-
	久恒山浦 鉱業所	29	12	2	5	11	1	-	-
	末吉 鉱業所	50	37	2	18	-	-	7	-
	三菱上山田 鉱業所	2,587	538	22	866	1,208	44	91	35

石炭山	日鉱山田 鉱業所	1,450	913	26	249	412	9	159	17
	日炭上山 鉱業所	1,039	444	3	207	510	21	146	22
	東邦筑紫 鉱業所	941	380	7	220	393	11	70	19
	久恒 鉱業所	622	310	21	85	242	10	46	10
	古河下山田 鉱業所	2,292	1,383	151	424	551	18	235	10
	田籠昭 嘉鉱業所	275	40	5	14	226	2	12	30
	明治赤池 鉱業所	3,061	1,309	42	446	1,386	13	135	79
	明治豊 国鉱 業所	1,466	839	18	317	376	11	95	21
	三菱方城 鉱業所	3,217	1,223	26	787	1,327	20	166	106
	三井田川 鉱業所	2,652	746	5	103	1,860	11	73	-
	真岡鉱業所	263	160	2	19	89	-	7	20
	野上豊州 鉱業所	830	225	1	41	597	4	38	40
	川崎鉱業所	99	10	-	4	87	-	2	38
	明治高田 鉱業所	1,486	906	32	229	429	10	120	15
	三菱勝田 鉱業所	1,923	1053	71	219	762	12	182	20
	旭大 勢門 鉱業所	49	37	-	5	10	-	23	16
	西戸崎鉱業所	661	230	4	15	479	7	74	39
	東邦 亀山本坑	612	476	5	13	166	-	39	6
	東邦 亀山三坑	386	206	-	65	166	1	56	13
	海軍燃料 廠	1,656	572	4	254	833	2	9	20
	早良 鉱業所	1,689	1,096	10	204	458	9	88	98
	三井三池 鉱業所	2,376	743	30	173	1,520	15	105	85
	古河大峰 鉱業所	4,124	1,798	119	537	1,906	47	283	99
	日鉄宝 珠山 鉱業所	934	422	11	31	505	9	45	159
	小倉 鉱業所	108	36	-	2	79	-	9	79
	九採笹原 鉱業所	290	30	3	7	255	-	5	49
	高陽 鉱業所	42	22	-	-	21	-	1	113
	樋口 木城 鉱業所	48	1	-	-	47	-	-	-
	石炭 山合計	105,784	54,244	1,755	12,226	43,880	688	7,009	4,127
工場	工場合計	3,477	1,681	38	158	1,812	8	220	1,556
土建	土建合計	3,630	2,389	28	827	549	14	172	2,937
金属山	金属山合計	170	157	8	17	13	1	26	12
		113,061	58,471	1,824	13,228	46,254	711	7,427	8,632

〈資料2〉飯塚市埋火葬認可証の分析

（花房俊雄＝作成）

	0歳	1歳	2～15歳	16～30歳	31～50歳	51～60歳	61歳以上	年齢不明	合計（子ども）	炭鉱労働者	埋葬	事故死
1937年（昭12）	1人	2人	1人	7人	5人	2人	4人		22人（5）	7人	3人	4人
1938年（昭13）	8人	2人	4人	2人	7人	3人	2人		28人（14）	7人	9人	2人
1939年（昭14）	21人	9人	4人	4人	12人	2人	2人	1人	55人（34）	10人	25人	9人（7）
1940年（昭15）	13人	4人	3人	12人	8人	4人	1人	1人	46人（20）	6人	12人	14人
1941年（昭16）	11人	4人	5人	11人	6人	4人	1人	0	46人（20）	15人	10人	11人
1942年（昭17）	8人	9人	3人	15人	12人	2人	2人	0	51人（23）	18人	10人	10人
1943年（昭18）	17人	9人	5人	18人	8人	3人	3人	0	63人（30）	18人	15人	13人
1944年（昭19）	13人	3人	5人	24人	14人	1人	3人	0	63人（21）	32人	10人	21人
1945年（昭20）	7人	4人	2人	6人	9人	1人	0	0	29人（13）	15人	4人	6人
合計	99人	46人	32人	99人	81人	22人	18人	2人	399人（180）	128人	98人	90人

強制連行期炭坑労働者　1939年～1943年　62人
1944年～1945年　47人
子供の死者　180人　埋葬　98人
成人の死者　219人　炭鉱労働者　128人（そのうち事故死が90人）　その他　91人
事故死の可能性は発病後10日以内に死亡した場合

〈資料 3〉 鞍手郡小竹町埋火葬認可証の分析

（花房俊雄＝作成）

	0 歳	1 歳	2 ～ 15 歳	16 ～ 30 歳	31 ～ 50 歳	51 ～ 60 歳	61 歳以上	年齢不明	合計（子ども）	埋葬
1931 年（昭和 6 年）	4 人				2 人	1 人		3 人	10 人（4）	5 人
1932 年（昭和 7 年）	2 人	1 人							3 人（3）	3 人
1933 年（昭和 8 年）	2 人			3 人	1 人		1 人		7 人（2）	1 人
1934 年（昭和 9 年）		4 人	2 人		4 人				10 人（6）	1 人
1935 年（昭和 10 年）			1 人						1 人（1）	1 人
1936 年（昭和 11 年）	4 人	1 人	2 人		3 人		2 人	2 人	14 人（7）	6 人
1937 年（昭和 12 年）	3 人	1 人	1 人						5 人（5）	5 人
1938 年（昭和 13 年）										
1939 年（昭和 14 年）	1 人								1 人（1）	
1940 年（昭和 15 年）	7 人	1 人	1 人				1 人	2 人	12 人（9）	7 人
1941 年（昭和 16 年）	8 人	2 人	3 人	2 人	1 人	4 人			20 人（13）	10 人
1942 年（昭和 17 年）	4 人	3 人		4 人	1 人		1 人		13 人（7）	5 人
1943 年（昭和 18 年）	6 人	3 人	4 人	1 人					14 人（13）	5 人
1944 年（昭和 19 年）	8 人	4 人	4 人	6 人	5 人				27 人（16）	6 人
1945 年（昭和 20 年）	6 人	5 人	8 人	2 人	5 人		3 人	1 人	30 人（19）	6 人
合計	55 人	25 人	26 人	18 人	22 人	5 人	8 人	8 人	167 人（106）	61 人

〈資料4〉戦時性的強制被害者問題の解決の促進に関する法律案（第一五〇回国会・参第九号）

（目的）

第一条　この法律は、今次の大戦及びそれに至る一連の事変等に係る時期において、旧陸海軍の関与の下に、女性に対して組織的かつ継続的な性的な行為の強制が行われ、これによりそれらの女性の尊厳と名誉が著しく害された事実を踏まえ、そのような事実について謝罪の意を表し及びそれらの女性の名誉等の回復に資するための措置を我が国の責任において講ずることが緊要な課題となっていることにかんがみ、これに対処するために必要な基本的事項を定めることにより、戦時性的強制被害者に係る問題の解決の促進を図り、もって関係諸国民と我が国民との信頼関係の醸成及び我が国の国際社会における名誉ある地位の保持に資することを目的とする。

（定義）

第二条　この法律において「戦時における性的強制」とは、今次の大戦及びそれに至る一連の事変等に係る時期において、旧陸海軍の直接又は間接の関与の下に、その意に反して集められた女性に対して行われた組織的かつ継続的な性的な行為の強制をいう。

2　この法律において「戦時性的強制被害者」とは、戦時における性的強制により被害を受けた女性であって、旧戸籍法（大正三年法律第二十六号）の規定による本籍を有していた者以外の者であったものをいう。

（名誉回復等のための措置）

第三条　政府は、できるだけ速やかに、かつ、確実に、戦時における性的強制により戦時性的強制被害者の尊厳と名誉が害された事実について謝罪の意を表し及びその名誉等の回復に資するために必要な措置を講ずるものとする。

2　前項の措置には、戦時性的強制被害者に対する金銭の支給を含むものとする。

（基本方針）

第四条　政府は、戦時性的強制被害者に係る問題の解決の促進を図るための施策に関する基本方針（以下「基本方針」という。）を定めなければならない。

2　基本方針は、次に掲げる事項について定めるものとする。

一　前条に規定する措置の内容及びその実施の方法等に関する事項

二　前条に規定する措置を講ずるに当たって必要となる関係国の政府等との協議等に関する事項

三　いまだ判明していない戦時における性的強制及びそれによる被害の実態の調査に関する事項

四　前三号に掲げるもののほか、戦時性的強制被害者に係る問題の解決の促進に関し必要な事項

3　政府は、基本方針を定め、又は変更したときは、これを国会に報告するとともに、公表しなければならない。

（関係国の政府等との関係に関する配慮）

第五条　政府は、第三条に規定する措置を講ずるに当たっては、我が国が締結した条約その他の国際約束との関係に留意しつつ、関係国の政府等と協議等を行い、その理解と協力の下に、これを行うよう特に配慮するものとする。

（戦時性的強制被害者の人権等への配慮）
第六条　政府は、第三条に規定する措置を実施するに当たっては、戦時性的強制被害者の意向に留意するとともに、その人権に十分に配慮しなければならない。
2　政府は、第四条第二項第三号の調査を実施するに当たっては、戦時性的強制被害者その他の関係人の名誉を害しないよう配慮しなければならない。
（国民の理解）
第七条　政府は、第三条に規定する措置を講ずるに当たっては、国民の理解を得るよう努めるものとする。
（財政上の措置等）
第八条　政府は、戦時性的強制被害者に係る問題の解決の促進を図るため必要な財政上又は法制上の措置その他の措置を講ずるものとする。
（国会に対する報告等）
第九条　政府は、毎年、国会に、戦時性的強制被害者に係る問題の解決の促進に関して講じた施策及び第四条第二項第三号の調査により判明した事実について報告するとともに、その概要を公表しなければならない。
（戦時性的強制被害者問題解決促進会議）
第十条　総理府に、特別の機関として、戦時性的強制被害者問題解決促進会議（以下「会議」という。）を置く。
2　会議は、次に掲げる事務をつかさどる。
一　基本方針の案を作成すること。
二　戦時性的強制被害者に係る問題の解決の促進を図るための施策について必要な関係行政機関相互の調

整をすること。
三　前二号に掲げるもののほか、戦時性的強制被害者に係る問題の解決の促進に関する重要事項について審議し、及びそれに関する施策の実施を推進すること。
（会議の組織）
第十一条　会議は、会長及び委員をもって組織する。
2　会長は、内閣総理大臣をもって充てる。
3　委員は、関係行政機関の長のうちから、内閣総理大臣が任命する。
4　会議に、専門の事項を調査させるため、専門委員を置くことができる。
5　専門委員は、学識経験のある者のうちから、内閣総理大臣が任命する。
（政令への委任）
第十二条　前二条に規定するもののほか、会議の組織及び運営その他会議に関し必要な事項は、政令で定める。

附　則〔以下略〕

〈資料5〉「戦後責任を問う・関釜裁判を支援する会」活動関連年表（一九九一年〜二〇一九年一月）

（堀詩織＝作成）

西暦(年)	月・日	事項
1991	5月頃	挺身隊問題対策釜山協議会の金文淑会長の呼びかけにより、「慰安婦」や女子勤労挺身隊被害者からの申告が集まる
	8・14	★金学順さんが韓国で初めて「慰安婦」被害者として実名で証言を行う
1992	3・28	「慰安婦」被害者の文玉珠さんの証言集会が福岡市内で開催
		「『従軍慰安婦』問題を考える会・福岡」（考える会）が発足（世話人＝花房恵美子）
		李博盛氏ほか担当弁護士らが考える会に裁判支援を依頼
	11・	考える会のメンバー数名と弁護士が釜山の原告らを訪問し、裁判支援を約束
	12・25	原告4名（河順女、朴頭理、柳賛伊、朴S〔敬称略〕）が日本政府へ公式謝罪と賠償を求めて山口地裁下関支部に提訴
	12・26	福岡市内で原告との交流会
1993	4・6	国側が東京地裁への移送申し立て。これに反対する署名運動を開始
	4・17	「戦後責任を問う・関釜裁判を支援する会」結成集会
	6・3	国が移送申し立てを取り下げ、下関での裁判が決定
	8・4	★「河野談話」発表
	9・6	第1回口頭弁論
	12・13	第2次提訴（李順徳、朴SU、姜YO、李YO、鄭SU〔敬称略〕）が合流
1994	5・3	◆永野茂門法相（当時）が報道機関へのインタビューで「慰安婦」被害者を「公娼」と発言

	5・16	第4回口頭弁論（第3次原告として梁錦徳さんが参加）
	6・20	「永野発言は人権侵害」として、賠償請求額を増加する追加訴状を提出
	8・19	村山富市内閣の「民間募金による「見舞金」支給」構想決定と報道。裁判の打ち合わせで来日していた李順徳さんと共に見舞金構想に抗議する共同記者会見を行う。9月4日福岡市で抗議デモ
	9・5	第6回口頭弁論（初の本人尋問で李順徳さんが証言を行う）
	11・15	定例会にて「民間基金」に反対する意見広告を出すことに決定
	11・28～30	全国の『毎日新聞』朝刊に意見広告を掲載
1995	8・15	★「女性のためのアジア平和国民基金」（「国民基金」）の呼びかけ開始
	10・23	第11回口頭弁論（朴頭理さんの本人尋問）
	12・	日韓学生ＹＭＣＡの合宿に花房俊雄が参加し、支援する会の活動に学生が参加していく
1996	4・19	★「クマラスワミ勧告」が国連人権委員会で採択
	5・22	第14回口頭弁論（朴Ｓさん、柳賛伊さん、朴ＳＵさんの本人尋問）
	6・27	★「慰安婦」に関する記述のある中学校社会科教科書（1997年度用）7冊全てが検定に合格
	8～	◆小林よしのり氏、『新・ゴーマニズム宣言』で「慰安婦」問題についての連載を始める
	8・	★国民基金の「償い」事業開始
	10・23	第16回口頭弁論（李ＹＯさんと姜ＹＯさんの本人尋問）
	11・19	小林よしのり氏や編集部・出版社宛ての抗議文を発表

	12・2	◆「新しい歴史教科書をつくる会」（以下「つくる会」）設立記者会見
1997	1・11	「田原総一朗の意義あり！」に会員の有志が出演し、小林よしのり氏と討論
	4・14	★東京麻糸紡績沼津工場朝鮮人女子勤労挺身隊訴訟（＊03・2・27最高裁棄却。後に帝人が見舞金支給）
	4・28	第18回口頭弁論（朴Sさんの旧国民学校時代の担任である杉山とみさんが証言）
	9・29	第20回口頭弁論（結審）
1998	4・27	山口地裁下関支部が「慰安婦」原告3人に「国の立法不作為による国家賠償」を認める判決を出す（「下関判決」）
	5・1	元女子勤労挺身隊の原告らが控訴状を提出
	5・8	被告国側は広島高裁に控訴
	6・	「慰安婦」賠償立法の実現を国会議員へ求める〈「下関判決」を活かす会〉結成
	8・21	★国連人権委員会差別防止・少数者保護委員会でマクドゥーガル氏の特別報告書を全会一致で採択
	10・	〈関釜裁判を支える広島連絡会〉結成
	12・	〈関釜裁判を支える福山連絡会〉結成
1999	2・23	広島控訴審　第一回口頭弁論
	3・1	三菱名古屋・朝鮮女子勤労挺身隊訴訟（梁錦徳さんも原告として合流。2008年11月に最高裁棄却）
	8・	◆中学校歴史教科書4社が「慰安婦」記述を削除
	11・	〈関釜裁判を支援する広島県北連絡会〉結成
2000	1・	桑山紀彦医師による原告のPTSD（心的外傷後ストレス障害）診断

	4・	◆扶桑社が「つくる会」作成の2002年度用中学校歴史教科書を文部省に検定申請
	5・5	原告の河順女さんが逝去
	7・11	★不二越第一次訴訟（富山）が最高裁で和解
	11・10	第8回口頭弁論で国側から「日韓条約で解決済み」論が展開される
	12・8-12	★女性国際戦犯法廷
2001	1・	◆女性国際戦犯法廷を特集したNHK番組の改変が行われる（NHK番組改編事件）
	2・	「謝罪と賠償の判決を求める日韓市民共同署名」を広島高裁へ提出
	3・29	広島控訴審判決（原告らの損害賠償請求をすべて棄却）
	4〜	「つくる会」作成の中学校歴史・公民教科書採択に反対する請願運動を始める
	8・18	原告の鄭SUさん逝去
	10・28	未払い賃金の解決を求め、第二次不二越闘争を開始　関釜裁判の原告も参加
	10・	〈つくる会〉教科書を許さない市民ネットワーク福岡〉を立ち上げる
2002	4・12	関釜裁判、上告理由書を最高裁に提出
	9・30	★国民基金「償い金」事業を終了
	10・	福岡市の学校通信表における「愛国心」評価削除を求める運動に参加
2003	3・25	関釜裁判の上告棄却が決定　不二越訴訟を支援する北陸連絡会と共同で第二次不二越訴訟の支援へ
	4・1	元女子勤労挺身隊らが不二越・国を相手に未払い賃金と損害賠償を求めて富山地裁へ提訴（「第二次不二越訴訟」）。関釜裁判原告の柳Tさん、朴SUさん、朴Sさんも原告として合流）
	11・	「早よつくろう！『慰安婦』問題解決法・ネットふくおか」（立法ネット）結成

2004	6・14	フィリピンの「慰安婦」被害者を福岡に招き、証言集会を行う
	12・4	学生と市民合同実行委員会で証言集会や上映会（2009年まで毎年実行）
2005	7・18	韓国での強制動員の真相究明と遺骨調査・返還の取り組みに協力する「強制動員真相究明ネットワーク」が結成
2006	2・19	原告の朴頭理さん逝去
2007	1月頃	◆「在日特権を許さない市民の会」（在特会）が活動を始める
	3・31	★国民基金が解散
	7・	★米国下院が「慰安婦」問題の早期解決を求める決議採択（その後、オランダ等の議会でも同様の決議が採択）
	9・19	不二越第二次訴訟・富山地裁判決　原告らの請求を棄却
2008	5・28	不二越第二次訴訟控訴審が開始（名古屋高裁金沢支部）
2009	3・25	福岡市議会で【日本軍「慰安婦」問題に対する国の誠実な対応を求める意見書】が可決
	8月	原告の姜YOさん逝去
	9・16	民主党に政権交代　立法運動の「追い風」となる
	12・4	福岡市内でインドネシア「慰安婦」被害者の証言集会が開かれる（立法ネットは協賛団体として参加）
2010	2・7	「日本軍『慰安婦』問題解決全国行動2010」が結成　花房俊雄が共同代表に
	3・8	不二越第二次訴訟控訴審判決　「個人請求権は放棄された」として原告の請求を棄却
	4〜	立法ネット、地元出身議員への要請行動を開始
2011	8・30	★韓国憲法裁判所「慰安婦」問題の解決について韓国政府に違憲判決

	10・24	最高裁、第二次不二越訴訟の上告棄却決定
2012	1・20	原告の朴Sさん逝去
	12・26	自民党に政権交代し、第二次安倍政権が発足。これを受け、立法運動のためのロビー活動を断念し、2013年に立法ネットから「『慰安婦』問題にとりくむ福岡ネットワーク」に改称
2013	7・8	『関釜裁判ニュース』最終（61）号を発行
	9・29	「支援する会」解散会。「『慰安婦』問題にとりくむ福岡ネットワーク」活動継続
2014	4・	『関釜裁判ニュース全号記録集』200冊発行
2015	12・28	★「慰安婦」問題　日韓両政府間で合意
2017	4・4	原告の李順徳さん逝去
2018	1・9	原告の朴SUさん逝去
	2・20	原告の柳賛伊さん逝去
	10・30	★韓国大法院　徴用工裁判で日本企業に賠償を命じる
	11・29	★韓国大法院　女子勤労挺身隊裁判で三菱重工に賠償を命じる
2019	1・30	★不二越勤労挺身隊裁判ソウル高等法院で勝訴

※注① ◆は歴史修正主義・排外主義に関する主な事項を示す
② ★は「慰安婦」問題（解決運動）や戦後補償に関する事項を示す

《著者略歴》

花房俊雄（はなふさ としお）

1943年岡山県生まれ。東北大学在学中にセツルメント活動を行なう。30歳より福岡市でレストランを自営。1988年に教員採用試験における国籍条項撤廃の支援運動に関わる。1993年より関釜裁判を支援する会の事務局長。真相究明のための調査会法や慰安婦問題の解決法の成立を目指す運動、福岡県における朝鮮人強制動員労働者の遺骨調査などに取り組む。現在、飲食店を自営。

花房恵美子（はなふさ えみこ）

1948年富山県生まれ。東北大学在学中にセツルメントのサークルに参加し、俊雄と知り合い、のちに結婚。88年に初めて市民運動に参加。92年に関釜裁判の原告たちと出会い、以後事務局として裁判を支援する。現在、「慰安婦」問題にとりくむ福岡ネットワーク世話人。

※「戦後責任を問う・関釜裁判を支援する会」は、2013年9月29日をもって活動を閉じましたが、1993年4月に発行を始めた「関釜裁判ニュース」全号（第1号〜第61号）のPDF版は下記のホームページで読むことができます。

関釜裁判を支援する会 HP：http://kanpusaiban.bit.ph

また、「関釜裁判ニュース」全号を収録した『関釜裁判ニュース——釜山従軍慰安婦・女子勤労挺身隊公式謝罪等請求事件　1993—2013』を発行し、国立国会図書館および全国都道府県・政令指定都市等の図書館に寄贈しています。

関釜裁判《かんぷさいばん》がめざしたもの——韓国《かんこく》のおばあさんたちに寄《よ》り添《そ》って

2021 年 2 月 10 日　第一版第一刷発行

著　者　花房俊雄・花房恵美子

発行者　吉田朋子

発　行　有限会社 白澤社《はくたくしゃ》
〒112-0014　東京都文京区関口 1-29-6　松崎ビル 2F
電話　03-5155-2615 ／ FAX　03-5155-2616 ／ E-mail : hakutaku@nifty.com

発　売　株式会社 現代書館
〒102-0072　東京都千代田区飯田橋 3-2-5
電話　03-3221-1321㈹／ FAX　03-3262-5906

装　幀　装丁屋KICHIBE

印　刷　モリモト印刷株式会社

製　本　鶴亀製本株式会社

用　紙　株式会社市瀬

ISBN978-4-7684-7984-1